CORRUPÇÃO:
Parceria degenerativa

CLÓVIS DE BARROS FILHO
SÉRGIO PRAÇA

CORRUPÇÃO:
Parceria degenerativa

PAPIRUS 7 MARES

Capa	Fernando Cornacchia
Coordenação	Ana Carolina Freitas
Copidesque	Mônica Saddy Martins
Diagramação	DPG Editora
Revisão	Ana Carolina Freitas, Edimara Lisboa e Isabel Petronilha Costa

Dados Internacionais de Catalogação na Publicação (CIP)
(Câmara Brasileira do Livro, SP, Brasil)

Barros Filho, Clóvis de
   Corrupção: Parceria degenerativa/Clóvis de Barros Filho, Sérgio
Praça. – Campinas, SP: Papirus 7 Mares, 2014.

   Bibliografia.
   ISBN 978-85-61773-63-2

   1. Brasil – Política e governo 2. Corrupção administrativa – Brasil
3. Corrupção na política – Brasil I. Praça, Sérgio. II. Título.

14-08558	CDD-364.1323

Índice para catálogo sistemático:
   1. Corrupção política: Problemas sociais   364.1323

4ª Reimpressão – 2017

Exceto no caso de citações, a grafia deste livro está atualizada segundo o Acordo Ortográfico da Língua Portuguesa adotado no Brasil a partir de 2009.

Proibida a reprodução total ou parcial da obra de acordo com a lei 9.610/98.
Editora afiliada à Associação Brasileira dos Direitos Reprográficos (ABDR).

DIREITOS RESERVADOS PARA A LÍNGUA PORTUGUESA:
© M.R. Cornacchia Livraria e Editora Ltda. – Papirus 7 Mares
R. Dr. Gabriel Penteado, 253 – CEP 13041-305 – Vila João Jorge
Fone/fax: (19) 3790-1300 – Campinas – São Paulo – Brasil
E-mail: editora@papirus.com.br – www.papirus.com.br

SUMÁRIO

INTRODUÇÃO 7

PARTE 1
A CORRUPÇÃO COMO PROBLEMA FILOSÓFICO 9

PARTE 2
A CORRUPÇÃO COMO PROBLEMA POLÍTICO 67

CONCLUSÃO 107

REFERÊNCIAS BIBLIOGRÁFICAS 109

INTRODUÇÃO

O que vemos e lemos na mídia sobre corrupção é, quase sempre, enganoso. Não porque as notícias envolvem desproporcionalmente este ou aquele partido. Nem porque jornalistas não têm formação acadêmica adequada para compreender o campo político.

Mas porque narrativas jornalísticas simplificam a realidade de uma maneira extrema, bem mais danosa do que se costuma imaginar. É como se todos os políticos fossem "personagens planos"; ou seja, eles têm um atributo único, singular, repetido incessantemente (Wood 2011). Qual é esse atributo? Participar de atos corruptos ou ser leniente com eles.

A narrativa jornalística, portanto, não deixa espaço para complexidade. A corrupção que você vê nos jornais segue uma estrutura básica. Os atores políticos têm propósitos conscientes e autointeressados. As ações deles resultam nos efeitos que observamos, sem espaço para acidentes, eventos ocultos e contingências. E essas ações estão inseridas em certas estruturas institucionais que limitam as possibilidades dos atores.

Essa é, então, a corrupção que você vê nos jornais. A corrupção como ela é, de fato: multifacetada. Um ato corrupto, pela lei, pode implicar várias "corrupções" ao mesmo tempo. Todas elas passam desapercebidas na leitura rápida dos jornais, na indignação justa, mas relativamente inútil, dos que querem "acabar com a corrupção". Pois entendam: ela não vai acabar. O que podemos fazer é definir suas diversas faces e seus efeitos. É o que propomos neste livro.

PARTE I

A CORRUPÇÃO COMO PROBLEMA FILOSÓFICO

A *impossibilidade de ser corrupto*

"O Brasil é um país corrupto"; "A sociedade brasileira é corrupta"; "Os políticos são corruptos"; "Fiscais são corruptos"; "Joaquim é corrupto" etc. São frases repetidas com grande frequência. Quando são contestadas, argumenta-se com base na própria realidade julgada: "Não são todos"; "Nem sempre"; "Você não tem como provar". Ora, independentemente dos fatos e da comprovação empírica, existe nessas afirmações um problema conceitual, que nada tem a ver com o comportamento do país, da sociedade, dos políticos e fiscais ou de Joaquim. O verbo *ser* – presente em todas essas afirmações – exige um complemento necessário, essencial ao sujeito. Que não muda, portanto. Assim, você poderia dizer que o círculo é redondo, porque ser redondo é da essência do círculo. Todo círculo será redondo em qualquer circunstância. Permanece redondo para continuar sendo círculo.

Esse verbo *ser* significa algo diferente do verbo *estar*, porque o estado é transitório. Não é essencial para que o ser seja o que é. O estado poderia ser outro e o ser continuaria sendo. Assim, a cera está líquida e é cera. Pode mudar de estado e estar sólida. Continua sendo cera. O estado muda, mas o ser jamais. Assim, todos concordaremos que a frase "João está doente" não quer dizer a mesma coisa que "João é doente". Nesta, se não houver doença, não há João. Na primeira, João pode se curar sem precisar deixar de ser quem é.

Agora, fica claro o problema das afirmações que desvirginam esta página. Nada pode ser corrupto, tampouco estar, porque a palavra *corrupção* não indica nem uma essência nem um estado. Indica um processo. Uma transformação. Um deixar de ser. Sua própria negação. Algo que era, mas não é mais. A rigor, a corrupção não é nem aquilo que era nem aquilo em que se converteu. É a própria conversão. A mudança em si. Por tudo isso, nada pode ter a corrupção como essência, já que denuncia o seu fim. Dessa forma, não há como ser corrupto. Por isso, o Brasil, sua sociedade, os políticos e fiscais, como também Joaquim, poderão, no máximo, estar em vias de corrupção. Assim como nós, autores deste livro, e você, caro leitor.

Seja como for, essas afirmações – em circulação nos diversos espaços de discussão – seguirão seu curso. Continuarão enunciadas e ouvidas, repetidas indiscriminadamente em redes polifônicas, garantindo que é o que justamente deixa de ser, oferecendo permanência ao que é trânsito, assegurando estabilidade à própria mudança. E é justamente a ressignificação descrita que converte essas afirmações em juízo ético, atribuição de valor às ações humanas, individuais e coletivas, carregado de negatividade.

Corrupção: *Uma questão ética*

Discursos muito diferentes – sobre a ética dos dias de hoje – atravessam o nosso cotidiano. Alguns denunciam o fim dos valores. O colapso de toda referência prática com pretensão universal. Sem normas ou imperativos a respeitar e desprovidos de virtudes, assistimos atônitos ao eclipse do dever, à liquefação da moral. Neste mundo, as pessoas se tornaram assumidamente instrumentos. *Ortopedizadas* como pés em palmilhas pela topografia das exigências institucionais sem condição de vontade, boa ou má. Desmoralizadas em suma.

Outros discursos analisam este mesmo mundo de forma quase oposta. Teríamos alcançado o ápice do desenvolvimento moral. Depois de séculos regidos por restrições e coerções tuteladas por éticas irracionais, por morais dogmáticas – escoradas no argumento de autoridade ou em instâncias suprassensíveis –, hoje, a racionalidade moral e os discursos normativos com pretensão universal parecem ter se instalado definitivamente.

Por fim, alguns discursos, ao rejeitar os dois primeiros, asseguram que as democracias liberais patrocinam uma vida moral bastante pujante, regida pelo pragmatismo – objetivado na busca de resultados ou metas –, salpicado aqui e acolá de utilitarismo – felicidade do entorno, incluindo plantas e animais – e de certo respeito a princípios morais – também chamados de valores. Estes terão mais chance de ser respeitados se não atrapalharem a concentração do capital e o acúmulo de recursos.

Por trás de tamanha diversidade na análise da ética contemporânea, alguns implícitos parecem estar sempre presentes. Obviedades que merecem lembrança. Servem de guia. Iluminam a complexidade. E enriquecem qualquer especulação sobre o nosso tema da corrupção.

Toda ética implica renúncia. Abrir mão de alguns dos próprios interesses, apetites ou desejos em nome de uma convivência mais harmoniosa. Abdica-se do que beneficia a primeira pessoa do singular, mas compromete os interesses da primeira pessoa do plural. Primazia do nós sobre o eu. Vitória da vontade geral sobre a vontade singular, do interesse público sobre os múltiplos e esparsos interesses privados.

Situações corriqueiras ajudam a entender essa perspectiva. Imagine um casal das antigas. Um homem e uma mulher. Em matrimônio. Compartilham quarto, banheiro, roupas de cama, toalhas etc. Esse compartilhamento faz parte da convivência. Numa situação dada, um dos membros desse casal, por conta de uma higiene pessoal malfeita, suja a toalha de uso comum. Ora, essa sujeira pode ter várias explicações. O hábito de terminar a limpeza na toalha, afinal, aquele cônjuge sempre fez isso. Ou um desleixo inusitado de alguém excepcionalmente apressado.

Há nessa prática do agente *sujismundo* um conforto. No caso do hábito, a segurança, rapidez e eficiência de fazer o de sempre. No caso da pressa inusitada, acelerar um procedimento, chegar mais rápido. Em contrapartida, por conta dessa conduta confortável para quem age, fica desconfortável o uso da mesma toalha pelo outro membro do casal, o que compromete a convivência.

O cônjuge que sujou a toalha preferiu garantir a sua própria comodidade em detrimento da melhor convivência possível. Para que esta fosse preservada, ele teria de fazer o que nunca fez, abrir mão do conforto de uma prática reiterada. Ou suportar o desconforto de um procedimento mais lento, o constrangimento de chegar atrasado. O fato é que ele optou por garantir o próprio prazer e comodidade em detrimento da convivência do casal.

Você, que visualizou bem essa situação, poderia ampliá-la só um pouquinho. Imaginemos juntos, agora, não mais um casal, mas um grupo de amigos. Colegas estudantes. Desses que moram na mesma casa. Estudam na mesma universidade. Cujas famílias residem em outra cidade. Esses jovens costumam constituir aquilo que no jargão estudantil se chama república. Nesse caso, em vez de duas pessoas envolvidas na relação, talvez tenhamos dez, quinze.

Os comportamentos de cada uma poderão estar alinhados ao que essas quinze entendem como a melhor convivência possível. Esta deve ser protegida pelas quinze. São elas que discutem e decidem quais as condutas aceitáveis, garantidoras de uma boa convivência, e aquelas que poderão comprometê-la. E, uma vez definidas e classificadas as condutas segundo esse critério, o que se espera é que se convertam em referência prática. Que funcionem como normas. E que cada um dos membros da república as respeite.

É claro que, no dia a dia, haverá situações concretas em que os apetites, os desejos, as pulsões e as inclinações de cada um os estimularão a transgredir as normas, isto é, agir de maneira desalinhada com aquele entendimento de boa convivência. Como, por exemplo, intimidades com convidados nas áreas comuns. Esquecimento de lavar a louça após a refeição. Ou, ainda, o tempo excessivo de uso do vaso sanitário. Leitura mais calma e atenta do jornal do dia. Nesses casos, há conflito entre a comodidade deste ou daquele membro e o entendimento coletivo sobre a conduta esperada e protetiva da convivência.

Ora, se você acompanhou os exemplos do casal e da república, talvez não seja difícil olhar ainda mais de cima. E considerar uma cidade. Seus moradores podem amiúde debater a respeito de quais condutas são contributivas da convivência de todos e quais são lesivas. Debate sem fim, porque estamos sempre confrontados a situações inéditas de vida urbana, que exigem a toda hora uma reflexão coletiva sobre a prática adequada em busca dos melhores argumentos. Seus diagnósticos são, portanto, sempre provisórios, sujeitos a uma nova discussão e ponderações enriquecedoras.

Então, como no casal e na república, na cidade acontece o mesmo. É perfeitamente possível que, por questão de comodidade, interesse pessoal, redução de custos, tempo, passe pela nossa cabeça alguma conduta já discutida e entendida como lesiva à convivência de todos. O executivo apressado cogita furar o sinal. Não vem vindo ninguém. A jovem estudante, alterar a idade na carteira para o cinema. Babaquice essa restrição. A senhora acompanhada de amigas não avisa o erro na conta do café e paga menos do que consumiu. Eles já cobram tão caro.

Nesses casos, e em tantos outros da vida cotidiana na grande cidade, estamos diante de um dilema. Uma sinuca de bico. E hesitamos entre agir no sentido da proteção da convivência de todos ou em atenção aos próprios interesses.

Não descartemos a coincidência possível entre seus interesses particulares e a convivência mais harmônica. Mas essa situação não representa para ninguém um problema. A mesma solução atende ao interesse de todos. Aproveitando os exemplos anteriores, é o caso do indivíduo que tem por inclinação pessoal o hábito da higienização perfeita do próprio corpo e, portanto, o gosto por toalhas limpas. Da mesma forma, o membro da república que adora deixar tudo arrumadinho após as refeições e que não tem nenhum apreço por chocar as pessoas tornando públicas suas intimidades. Esse indivíduo já tem inclinações e desejos alinhados com aquilo que é mais adequado para a convivência concreta naquele espaço. Entretanto, num livro sobre corrupção, importa o desalinhamento entre o desejo, a inclinação, a pulsão, de um lado, e a proteção da convivência, do outro.

Ante o exposto até aqui, inferimos que uma sociedade eticamente desenvolvida é, em primeiro lugar, uma sociedade que consegue, com base em seus processos de socialização, de educação e de construção de subjetividades, dispor seus agentes a desejar o desejável, isto é, a lutar por troféus autorizados e sem comprometer a convivência. Em segundo lugar, nessa sociedade, seus cidadãos, em caso de desalinhamento entre suas inclinações e o zelo pela convivência, abrem mão com naturalidade daquelas em nome deste último. Cidadãos que consideram absolutamente normal, óbvio, evidente abdicar de um desejo particular em nome da proteção desse patrimônio coletivo que é a convivência num determinado espaço.

Contrariamente, podemos entender como uma sociedade eticamente pobre aquela incompetente para alinhar libidos, direcionar pulsões e energias vitais no sentido de troféus socialmente aplaudidos. Uma sociedade em que se considera normal – ou até merecedor de aplauso – que cada um de seus agentes invista todas as suas forças na plena satisfação de seus apetites e desejos, ainda que esta possa comprometer gravemente o coletivo e sua convivência.

Essa parece ser a vida a que estamos todos condenados. O mundo em que vivemos, regido por uma lógica de competição que nos instrumentaliza, premia e valora o acúmulo parcial de meios. A abundância circunstancial de recursos. As metas da vez. Sem incentivo para grandes reflexões a respeito da civilização que queremos construir juntos.

Corrupção e o mundo da técnica

Não há como pensar a corrupção fora do mundo da técnica. Primazia da racionalidade instrumental sobre a racionalidade objetiva. Engrenagem apta a aperfeiçoar as formas de acúmulo de meios e de recursos. Mas despreparada para discutir os fins que pretendemos alcançar. Dessa perspectiva, administrar significa zelar pela racionalidade nas relações sociais, nas fábricas, no comércio, nas universidades, no Estado etc. Racionalidade de gestão, portanto. Desaparece a discussão sobre os fins, para que se possa pensar sobre os meios. Vias eficazes de acumular novos meios.

Assim, metas organizacionais são apresentadas como objetivos provisórios que se convertem em degraus intermediários. Passagens para buscar novos meios e recursos. O foco nas metas implica imediatamente o abandono da discussão mais ampla sobre onde queremos chegar, sobre o fim último de nossas iniciativas.

Neste mundo orquestrado pela racionalidade, a eficiência se apresenta como critério maior para atribuir valor às condutas humanas e às organizações sociais. Balizador esse que pressupõe o respeito a uma hierarquia. Assim, a postulação a um cargo superior implica o reconhecimento do sucesso, ganho de capital social, acúmulo de capital simbólico, maior poder decisório, maior prerrogativa de comando etc. Disso se conclui que haverá maior eficácia numa determinada organização coletiva quanto mais seus membros direcionarem esforços e energias vitais à obtenção de metas, consagrando suas vidas a essa tarefa e sendo retribuídos econômica, política e simbolicamente.

A racionalidade do mundo da técnica se materializa, portanto, numa administração científica racional que parece funcionar por si mesma. Descolada da liberdade deliberativa deste ou daquele indivíduo, da sua vontade e da contingência de suas escolhas. A lógica decisória seria inerente à própria organização. Esta deteria uma espécie de repertório suficiente e necessário de informações para identificar as ações a serem realizadas, bem como o perfil dos agentes ideais para levá-las adiante.

Ora, não há como pensar a corrupção fora desse mundo atravessado por tais características. É dentro dele que a corrupção contemporânea é gestada. Portanto, não há como entendê-la, senão nos valendo de um viés muito particular: a busca de fórmulas alternativas, paralelas e ilícitas; de triunfo de estratégias e acúmulo de recursos. Uma lógica, portanto, de ascensão social a qualquer preço. No mundo das organizações e fora dele.

Dessa forma, preparamos o terreno para justificar nossa primeira afirmação. Toda relação de corrupção é uma questão ética, porque se objetiva na adoção, por parte de duas ou mais pessoas, de um procedimento que atende a seus próprios interesses, mas atenta contra a saúde do tecido social e agride princípios básicos de convivência. Mesmo fazendo parte do cotidiano de todos, a corrupção é discutida como prerrogativa de alguns, apresentada em relatos de grande visibilidade. Narrativas com personagens que se tornam públicas. Vedetes de uma agenda temática compartilhada.

Corrupção como narrativa

A corrupção seduz. E é por isso que tanto se fala dela. Faz apelo a um imaginário compartilhado, curtido em narrativas ficcionais e jornalísticas a que estamos todos expostos. A simples menção da palavra faz lembrar alguém que enriqueceu. Já estava bem e enriqueceu ainda mais. Dinheiro fácil. Ou, pelo menos, mais fácil do que seria se resultasse do trabalho.

Corrupção lembra crime. Mas a violência física dá lugar à astúcia, à sagacidade. Assim, o corrupto é, sim, um bandido. Mas não um bandido qualquer. Sem sangue e sem armas. Também não tem nada a ver com um reles batedor de carteiras. Com pequenos furtos ou migalhas. Com mera sobrevivência. Com satisfazer as necessidades básicas ou matar a fome.

Quando se imagina uma relação de corrupção o que vem à mente são grandes fortunas. Valores enormes. Uma ilicitude classe A. O corrupto já está bem-posicionado. Alguém que, à luz do dia, faz figura de bem-sucedido. Bem-vestido e apresentável. Ocupante de postos importantes. Um lobo com poder para decidir. E esse imaginário é ricamente abastecido pela ficção. Afinal de contas, como não se deixar seduzir por alguém que arrisca o que já tem em nome de tudo o que ainda falta? O corrupto é necessariamente ambicioso e, portanto, destemido. Corajoso e ousado. Não se contenta com pouco. Figura que destoa de tantas que gravitam à nossa volta, aferradas a não perder o pouco que tanto lhes custou obter. Não por acaso, os meios de comunicação emprestam aos atos de corrupção muitas páginas, muitos segundos de suas pautas.

Em contrapartida, tantas coisas acontecem que jamais merecerão a atenção dos editorialistas. Cedem invariavelmente seu turno na ribalta noticiosa aos mais atrevidos. Mesmo quando os procedimentos se repetem. E não há, na conduta de corruptores e corruptos, grande surpresa ou originalidade, sempre serão merecedores de destaque. Os critérios de *noticiabilidade* lhes asseguram o holofote. Páginas de jornal e segundos de imagem.

E isso só tem uma razão. A corrupção vende. Seja porque o corrupto não é qualquer um e, portanto, tem sempre uma pitada de *pop star*, seja porque, ao serem pilhados, corruptores e corruptos se convertem em bodes expiatórios. Expurgam os males de um coletivo. Encenam por suas mazelas que a vida honesta escolhida ou resignadamente aceita dos receptores não é tão ruim assim. Afinal de contas, poderia ser pior: vexame do achincalhe público, privação de liberdade, desonra de toda a família.

Seguindo a perspectiva da narrativa-espetáculo, há que mencionar os justiceiros. Afinal, o desenlace de um caso de corrupção quase sempre implica uma investigação. Uma operação policial. E essa operação muitas vezes vem batizada com apelação atrativa. Um nome forte, que reúne numa só palavra uma série de procedimentos de significação complexa para leigos. Assim, operação Condor. Ou operação Cavalo de Troia. Esses nomes conferem a intervenções dispersas e nem sempre bem-sucedidas uma aparência de unidade, de coerência interna e eficácia. Simplificações que dispensam a cada notícia a repetição enfadonha do caso, do ilícito investigado, dos envolvidos etc. Golpe simbólico particularmente necessário nos momentos iniciais da investigação, quando a fragilidade das pistas perseguidas faria crer em inoperância e fracasso.

Toda investigação é um processo que tira da sombra, do sigilo, do desconhecimento de quase todos. E traz à lume. Joga luz. Esclarece. Clareia. Esse movimento de converter o sigiloso em conhecido, de jogar luz sobre o que era obscuro, faz parte de toda narrativa de corrupção. E o apelo aqui à ficção, à literatura, ao cinema policial, às grandes narrativas ficcionais torna o desenlace de um ato de corrupção um grande espetáculo. Um espetáculo a ser consumido ao longo do enfado do cotidiano.

Nesse cenário teatral e espetacular, a palavra *corrupção* é repetida diariamente, consagrando um sentido em detrimento de outro, mais próximo de suas raízes. Na dinâmica das ressignificações, na luta social e política pela definição do verdadeiro sentido dos conceitos, por vezes, somos condenados a ignorar a história dos significados das palavras, o que lhes retira muito de potência na hora de explicar as ocorrências do mundo.

Corrupção: Uma deterioração orquestrada

A palavra *corrupção* é formada por dois elementos: ruptura e co. Comecemos por este. Para haver corrupção, é preciso que haja pelo menos dois. Não há corrupção solitária, no isolamento. O mesmo acontece com *co-munhão, co-presença* ou *co-habitação*. Necessariamente, indicam a presença de dois ou mais agentes em relação. Assim, toda corrupção é necessariamente uma operação orquestrada, conjunta, em reunião.

Além dessa operação orquestrada, a palavra *corrupção* sugere algo que se quebra, que se rompe. Como consequência da ação de mais de um. Caberia a pergunta: Mas o quê? Quando duas pessoas se precipitam sobre um objeto qualquer, como, por exemplo, um pedaço de pão, e cada uma puxa o pedaço de pão em seu próprio sentido e direção, haverá a ruptura da forma original do pão, mas não pensaríamos em corrupção. Se duas pessoas chutam uma terceira, já caída, não chamaríamos de corrupção o ocorrido no corpo da vítima. Se dois condutores fazem colidir seus veículos com violência, destruindo-os completamente, falamos em perda total, mas não em corrupção.

Na corrupção de que tratamos neste livro, o objeto são os laços sociais. Ainda assim, tal como nos exemplos anteriores, o que se rompe é um elemento terceiro, que não se confunde nem com corruptores nem com corruptos. Tampouco se confunde com a relação entre eles, porque toda relação de corrupção deteriora as relações entre os agentes que dela participam com o resto da sociedade.

Um exemplo esclarece. Se, num matrimônio, um dos cônjuges falta à confiança do outro, haverá uma ruptura da qual participam os dois cônjuges. O traidor e o traído. Há uma deterioração da relação entre ambos. Mas não há corrupção. Dois indivíduos invadem uma casa e dão cabo de parte do patrimônio alheio, ateando fogo no local. Há deterioração que resulta de uma ação orquestrada. Mas, novamente, não há corrupção, porque esta tem por objeto o tecido social, que transcende a relação particular entre corruptor e corrompido.

Por isso, a responsabilidade moral e jurídica dos que tomam parte de uma relação de corrupção transcende a situação concreta que protagonizam.

Corrupção: Suicídio social

A ideia de corrupção compreende um tipo particular de transformação. De passagem de uma coisa para outra. Um deixar de ser. Mas não qualquer transformação. Na corrupção, há decomposição. Mudança que resulta em degradação. Processo no sentido da morte. Explicando melhor, em toda transformação corrompida, o que resulta está mais próximo da morte, do fim, da decomposição radical, do que aquilo que iniciou o processo.

Existe no protocolo de corrupção um resultado de perda de essência. O ser que resulta é menor do que o que dá início aos trâmites ilícitos. Pensando em potência, diríamos que a corrupção é um processo triste. Equação em que o resultado é menos potente. Enquanto tal, não se confunde com a morte, apenas lhe serve de preparação. De antessala.

A corrupção, portanto, é uma forma de vida que se sabota, que busca seu aniquilamento. O fim da sua própria condição. Existe, portanto, em toda relação de corrupção uma *performance* social suicida. A sociedade que patrocina seu fim por intermédio da intervenção sabotadora de duas de suas partes. Processo que, como todo fato social, vai além das consciências individuais. Não se deixa explicar pela deliberação ou pela manifestação de vontade de quem quer que seja.

Corrupção: Implosão de identidades

Ao longo de um entendimento entre duas ou mais pessoas, organizadas em dois polos – corruptor e corrupto –, ocorre de forma temporária uma implosão de suas identidades. Em que consiste essa implosão?

Todos os que vivemos em sociedade e, portanto, fazemos da nossa vida uma convivência ininterrupta, somos constrangidos, forçados a interagir em razão de algum entendimento a nosso respeito. Uma espécie de definição. Informações compartilhadas entre nós mesmos e todos os demais que se relacionam conosco. Um discurso definidor no qual acreditamos, porque os outros acreditam também.

A identidade como discurso definidor de cada um é condição da vida em sociedade. Em razão do que dizemos sobre nós, oferecemos garantias. Seduzimos. Ensejamos repulsa. E estão todos a espera da definição de cada um para decidir sobre suas relações e seus estatutos. Se haverá ou não relação e de que tipo. Ora, caberia a pergunta: O que será que contamos para as pessoas para que elas saibam quem somos?

Não é todo tipo de informação que satisfaz a expectativa de nossos interlocutores. Assim, se encontramos um desconhecido num bar e nos apresentamos, as mitoses e meioses que ocorrem no nosso corpo são pouco relevantes para nos definir, assim como o peristaltismo, a circulação sanguínea, a atividade pulmonar. Nada disso parece dar conta das expectativas do nosso interlocutor. A pergunta permanece: Que tipo de informação temos de oferecer sobre nós para satisfazer a essa exigência social, a essa demanda de nossos interlocutores?

Talvez passe pela nossa cabeça relatar o que fazemos mais corriqueiramente. No nosso caso, a afirmação de que somos professores da universidade pública. Essa afirmação parece atender melhor às expectativas do interlocutor, até porque permite inferências, deduções. Se escolhemos ser professores, isso pressupõe de imediato certo desapego em relação ao acúmulo de recursos materiais. Um apego ao debate de ideias. Um interesse pelo que de novo se pensa no mundo, a respeito das coisas que ensinamos. Assim, cada qual conta para os demais as coisas que faz. Suas ações. E há uma clara preferência pelas ações que resultaram de uma escolha, de uma deliberação. Afinal de contas, espirros e erupções também fazem parte do nosso cardápio de práticas, mas interessarão menos. O que o nosso interlocutor parece querer ouvir são as nossas escolhas.

Assim, se genericamente o homem se definiria em face do resto da natureza pela sua liberdade, pelo descolamento que pode ter em relação aos seus instintos, cada homem, esses particulares de carne e osso, na hora de se definir, faria das suas escolhas sua maior especificidade, seu grande traço distintivo. E essas escolhas concretas, como, por exemplo, as profissionais, as de amizade, as mais íntimas, escolhas relacionadas ao consumo cultural, à indumentária e quaisquer outras, essas escolhas particulares que apresentamos como nosso maior cartão de visita sugerem, por sua vez, de forma um pouco mais abstrata, algumas recorrências a respeito de critérios de escolha.

Em outras palavras, quando indicamos as nossas preferências mais específicas, estamos indiretamente relatando o que mais vale para nós. O que mais importa. Nossos valores. Valores são justamente esses critérios, recorrentemente empregados, que permitem a identificação das nossas preferências concretas de vida. Portanto, quando nos apresentamos para conviver em sociedade, ao indicar nossas preferências concretas, aquelas escolhas do dia a dia, estamos indiretamente indicando nossos valores, isto é, aquilo que, para cada um de nós, é mais importante. Eis o que mais precisam saber de nós. O que mais querem saber de nós. Tudo o que, para nós, importa e tem valor. Assim, poderão saber quem somos. Vislumbrar nossa identidade.

Bem, dizíamos então que, numa relação de corrupção, caem por terra, ainda que de forma provisória, as afirmações identitárias das pessoas nela envolvidas. Se, antes, eram supervisor e diretor, agora são corrupto e corruptor. São obrigados a admitir que não vale entre eles o que vale para os demais. São forçados a reconhecer que, pelo menos durante aquela relação, as identidades de antes eram uma farsa.

Essa redefinição de identidades não está necessariamente presente em outras condutas delituosas. Afinal de contas, um homicida ou um assaltante podem perfeitamente se definir como tal. Fazer de sua prática delituosa sua marca registrada. Mas, no caso da corrupção, abre-se necessariamente um parêntese, que coloca em suspenso as identidades até então oferecidas em nome dos resultados que se pretendem alcançar naquela relação.

Por que é necessariamente assim? Afinal de contas, quem é o corrupto? Qual a sua identidade durante a relação de corrupção?

Corrupção: Uma decisão à venda

O corrupto é necessariamente alguém que ocupa um posto que lhe confere um poder de decisão. Poder de decisão de que não dispõe o corruptor. Portanto, o corruptor toma a iniciativa de agir sobre a deliberação do corrupto, com vistas a obter um benefício que, sem a sua intervenção, não obteria.

Aquele que está autorizado a exercer algum poder, tomar alguma decisão, tem o seu poder fundado em algum tipo de *autorizamento* social. Assim, o servidor público concursado ou indicado tem no concurso e na indicação o fundamento do poder que exerce. É como se, ante uma situação de tomada de decisão, a sociedade estivesse autorizando aquele indivíduo a avaliar as alternativas, seus princípios e fundamentos e, com isso, identificar a melhor, seja pelos princípios que a conduta deve respeitar, seja pelas suas consequências presumidas. O fato é que aquele que decide o faz se valendo de uma chancela social que lhe dá sustentação. Da mesma forma, um executivo também decide apoiado por um conselho de acionistas, donos do capital que ele procura reproduzir.

Essa chancela a quem decide presume que esse indivíduo deliberará usando todos os recursos intelectivos de que dispõe, escolhendo a solução mais adequada aos interesses do outorgante. No caso do servidor público, a sociedade toda. No caso de uma empresa privada, os acionistas. Assim, por maior que seja a complexidade, por mais que os valores em jogo se enfrentem em dilemas de grande dificuldade, o agente decisório indicará a solução que considera sinceramente a melhor para todos os que o investiram dessa prerrogativa. Presume-se que haverá, nos limites da competência do agente que decide, a consideração de todas as variáveis cogitadas, o uso criterioso da razão, com vistas à identificação fundamentada da melhor alternativa de conduta.

Ora, no caso de uma relação de corrupção, o corruptor pretende, por meio de algum tipo de compensação e, portanto, de vantagem para o agente decisório, que sua decisão seja enviesada, isto é, que seja adotado um novo critério. Distinto do usual. Em vez de decidir em nome dos interesses de quem o investiu dessa prerrogativa, o corrupto passa a decidir de forma que atenda prioritariamente aos interesses do corruptor. Concluímos que, em toda relação de corrupção, há uma traição subjacente. Isso porque a intervenção do corruptor só se justifica para alterar um protocolo decisório presumido. Se esse protocolo coincidentemente também atendesse às pretensões do corruptor, não haveria necessidade de corromper.

Corrupção: Uma trajetória à venda

Poderíamos, então, supor que o poder decisório é o único item à venda na butique do corrupto. Não é bem assim. Ocorre que essa munição é prerrogativa de quem ocupa uma dada posição social. Determinado posto que, por sua vez, pressupõe o preenchimento de requisitos. Prerrogativas relacionadas à competência cognitiva, riqueza de repertório associada à capacidade de agir em situações próprias ao ocupante do cargo.

Também é possível que a posição do corrupto decorra de indicação, que, por sua vez, revele um passado compartilhado, competência já demonstrada outrora em situação análoga, pertencimento a certa instituição ou a um determinado partido. Portanto, a ocupação de postos atrelados a prerrogativas decisórias é resultante de uma dada trajetória.

Dessa forma, o que está à venda ao corruptor é muito mais do que o critério necessário para a tomada da decisão. Está em jogo tudo o que foi necessário para a ocupação daquela posição que lhe confere prerrogativa decisória. Portanto, não é abuso dizer que o corrupto vende mais do que a sua decisão. Vende tudo o que na sua vida contribuiu para a ocupação do posto que lhe permite decidir.

Logo, aquele que se corrompe franqueia a própria trajetória pretérita. Comercializa a sua história. Caminhada manifesta em memória, relatos, biografia. Indo um pouco além, aquele que se corrompe macula uma vida, uma história, uma narrativa biográfica. Justamente por isso, cuida para que a mancha seja ocultada. Roga para que seus efeitos sejam os menores possíveis. Reúne esforços para conservar uma biografia oficial livre de percalços, sempre estrategicamente omitidos em nome da reconstrução higienizada do passado.

Corrupção: A relação primária

Uma análise lógica e formal da corrupção nos obriga a simplificar processos que se apresentam cada vez mais complexos. Nas operações de corrupção, encontramos agentes que são peças indispensáveis para a realização do processo. Intermediários, paraísos fiscais, sistemas complicados de circulação de dinheiro, formas cada vez mais sofisticadas de fraude.

Apesar de toda diversidade e sofisticação, resta-nos identificar um esqueleto da relação de corrupção. Elementos que estejam presentes em todos os casos. Uma essência da ação corrupta. Assim, encontramos nessa relação primária dois polos constituídos por um ou mais indivíduos. Para simplificar ao máximo, duas pessoas. O agente A, o corruptor, e o agente B, o corrupto. Este último é detentor de um poder qualquer, objetivado numa prerrogativa decisória específica. Por exemplo, B decide sobre os fornecedores de material cirúrgico para uma rede de hospitais públicos.

O agente A, o corruptor, por princípio, não tem esse poder. Seguindo o exemplo, A fabrica material cirúrgico. E tem concorrentes. O futuro de sua empresa depende dessa decisão. A, portanto, se aproxima de B. É preciso lembrar que a motivação inicial dessa aproximação não é assumir o lugar de B, A não quer ser B. Ele quer permanecer A. Portanto, existe aqui a observância de um princípio de identidade. Ao se aproximar de B, A pretende continuar sendo A.

Mas quem decide é B. E a decisão de B impacta a vida de A. Este se encontra à mercê da decisão daquele. As decisões de B poderão viabilizar, facilitar e impulsionar as pretensões de A ou poderão inviabilizar, impedir as pretensões de A, ser obstáculo a elas. Portanto, falta a A o poder de B. Ora, para poder interferir nas decisões de B, A lhe oferece uma contrapartida, com vistas a que essa decisão possa ser adequada aos seus interesses. Nesse caso preciso, B tem interesse naquilo que A tem a lhe oferecer. Imaginemos numa situação concreta: dinheiro. Trata-se apenas de um exemplo. Muitas são as formas de compensação oferecidas.

Portanto, temos aqui todo o cenário desenhado. A, o corruptor, deseja o poder de B, e B, o corrupto, deseja o dinheiro de A. A, o corruptor, age para interferir na decisão de B. B, o corrupto, age para tomar posse do dinheiro de A. B quer o dinheiro de A. A quer a decisão de B. Nesse caso, exige-se que A, ao interferir na decisão de B, assuma um poder que não é seu. B, ao aceitar o dinheiro de A, permite que A assuma o seu lugar, aceitando que A interfira na sua decisão.

O leitor haverá de aceitar que existe aqui uma dupla fissura identitária. A já não é A e B já não é B. Afinal de contas,

B apresentava como identidade própria uma forma de agir, uma forma de decidir e o respeito a certos princípios de conduta e de decisão. A sempre se apresentou como alguém que, entre outras coisas, não tinha o poder de B. Mas, ao longo da relação de corrupção, tudo muda. A passa a ter um poder que desmente a sua identidade original. B, por sua vez, admite agir segundo princípios que também desmentem a sua identidade original. Existe, portanto, ao longo dessa relação, uma dupla fissura das identidades.

Naturalmente que toda essa redefinição não produz danos específicos aos demais participantes da relação de corrupção. Pelo contrário. Graças às novas identidades, A e B conseguem juntos o que pretendem. São parceiros. Entretanto, essas novas identidades falseiam as relações dos agentes envolvidos com os demais agentes sociais. Condenando os primeiros à opacidade. Ao sigilo. Ao temor da confidência. Ao cinismo.

Corrupção: Inversão de papéis

A relação de corrupção borra as identidades, a ponto de, por vezes, promover uma inversão de papéis. Tomemos um exemplo. De um lado, um cidadão, servidor público, responsável por adquirir mercadoria produzida pelo setor privado em grande quantidade. Imaginemos que essa mercadoria possa ser artigos escolares para abastecer uma rede de escolas públicas. Trinta mil escolas públicas, por exemplo. De outro lado, tem-se o fabricante desses artefatos escolares, que podem ser, por exemplo, produtos de informática ou mesmo livros e, portanto, tem-se aí o vendedor. O servidor público é o comprador e o fabricante é o vendedor. Os produtos a serem adquiridos pelo servidor público, o comprador, também são fabricados por uma empresa concorrente. Perceba, o montante da venda é significativo e, portanto, a realização do negócio é condição para a saúde da empresa. E o mesmo acontece com a empresa concorrente. Em outras palavras, a empresa que conseguir realizar o negócio estará em céu de brigadeiro por um bom tempo. A empresa que não realizar o negócio enfrentará tormentas por um bom tempo.

Uma das empresas, então, toma a iniciativa e resolve abordar o servidor público responsável pela decisão de qual produto adquirir. Nesse momento, o representante da empresa fabricante do artefato escolar oferece ao servidor público uma quantia em dinheiro para interferir na sua decisão. Para garantir a realização do negócio com a empresa que representa.

Nesse caso, há uma inversão completa de papéis. O fabricante vendedor se torna comprador, comprador da prerrogativa decisória. O servidor público comprador se torna subitamente vendedor, vendedor da mesma prerrogativa decisória. A rigor, o que se vende é uma forma de tomar decisão. Um critério decisório. Compra-se a adoção de uma nova forma de decidir, com base num novo fundamento.

Na relação de corrupção, durante um curto espaço de tempo, vendedor se converte em comprador e comprador se converte em vendedor. Perceba que não há surpresa para os partícipes da relação, dado que estão informados da inversão de papéis. São os propositores dessa inversão. A rigor, a ruptura se dá diante do resto da sociedade. Afinal, as identidades de comprador e vendedor são trocadas sem prévio aviso, na ilicitude, na sombra, na opacidade.

Corrupção e responsabilidade

Ao implicar o falseamento das identidades, ao pressupor que estas sejam borradas temporariamente, a relação de corrupção suspende a vigência do princípio da responsabilidade. Afinal, o que garante a responsabilidade pelos nossos atos é justamente a confiança socialmente compartilhada em alguma identidade. Sem isso, seria impossível julgar, atribuir valor às condutas do passado, condenar ou absolver. Desapareceria ainda a função pedagógica da civilização, mestra em indicar uns caminhos e proibir outros.

Extinta a identidade, desaparece a pertinência da atuação do Poder Judiciário. Grave cenário. Imagine que um indivíduo tenha interrompido a vida de outro. Condução inadequada de veículo motivada pelo consumo de álcool. Ora, a conduta de efeito catastrófico – atropelamento seguido de morte – foi realizada por um corpo num determinado instante da sua trajetória no mundo. Corpo esse constituído de células, neurônios, órgãos etc.

A complexa e fascinante engrenagem interage no mundo e se relaciona. Suas partes fazem o mesmo. Estão em relação entre si, de tal forma que nada nesse corpo permanece. As células morrem. E, antes de morrer, submetem-se a complicados processos de reprodução – as mitoses e meioses das aulas de biologia. Assim, a cada segundo, esse corpo sofre transformações.

O mesmo acontece com os pensamentos. Produtos da atividade neuronal. Projeções do inconsciente. Este também está em permanente transformação. Logo, no instante em que o juiz enquadra o desastrado motorista, rigorosamente, nada daquele corpo que dirigia o veículo se encontra como tal. O corpo que comparece ao tribunal para ser julgado é radicalmente outro. Nesse momento, então, o réu poderia perguntar: Quem é que vocês estão julgando? Indo mais longe: O que é que vocês estão julgando? Afinal de contas, se nada sobrou do corpo, sujeito ativo do delito; se hoje sou outro em face daquele que agiu indevidamente, o que justificaria o julgamento e a condenação?

Se o juiz deliberasse a favor do xadrez, estaria encarcerando células inocentes. Genes e átomos que não participaram da ação delituosa. Assim como pensamentos previamente inexistentes. Nada de novo. Essa argumentação é *habituée* dos tribunais. Ecoa toda vez que advogados de defesa levantam a tese da violenta emoção. Isto é, ao agir, o réu respondeu a um estado passional não mais vigente e que, segundo seus defensores, não se repetirá.

Também se fala muito em arrependimento. Nesse caso, a conduta cometida pelo corpo já pretérito é alvo de repúdio. Junto com os pensamentos. Argumentos gastos. Tentativa de forçar a barra. Na contramão do piedoso discurso, prevalece o entendimento de que o réu, a despeito das transformações sofridas, continua sendo o mesmo indivíduo que agiu estabanadamente no passado.

Presume-se, portanto, que algo tenha permanecido: a identidade. Substantivo de idêntico. Aquilo que não se altera em relação ao passado. E, mesmo que essa identidade seja uma convenção apenas, uma presunção coletiva, ela oferece fundamento para a responsabilidade. A responsabilidade que teremos amanhã pelo que fizermos hoje. A inescapável condição de arcar com os atos de um corpo que não se repete.

Ora, no momento em que a relação de corrupção inverte papéis e borra identidades – vendedor travestido de comprador e comprador na pele de vendedor –, instaura-se um hiato nas suposições coletivas. O que só pode ocorrer na escuridão, nas trevas e na opacidade. Cenário perfeito para que os montantes oferecidos em troca de decisões vantajosas estejam sempre envoltos em grande mistério.

Corrupção e montantes

Um assunto de difícil abordagem na reflexão especulativa sobre corrupção são os valores envolvidos nessa relação.

Entendendo aqui por valores a quantidade de recursos que se deslocam do corruptor para o corrupto. Esse intercâmbio pode envolver bens de mesma natureza, como veremos no exemplo a seguir.

Num combinado hipotético, o corruptor oferece certa quantidade de dinheiro, com vistas a interferir na decisão do corrupto. Decisão essa que permitirá ao proponente obter outra quantidade de dinheiro. Nesse caso, o montante a ser angariado pelo corruptor pode servir de referência de negociação.

Assim, o argumento se objetivaria: dado que minha decisão lhe permitirá ganhar tanto, então, o valor que devo receber para decidir dessa maneira tem de ser pelo menos de tanto. Entretanto, é muito comum que o valor a ser auferido pelo corruptor, com base na decisão do corrupto, não seja facilmente conversível em cifras. Isso porque a decisão a ser tomada poderá permitir ao corruptor um ganho que se estenderá no tempo. É o caso, por exemplo, de alguém que, graças à decisão de um corrupto, poderá cobrar certa quantidade de dinheiro pelo uso de uma via pública, situação em que o ganho pode se perpetuar por décadas. E aí, então, essa quantificação se complica.

Muitas vezes, os bens envolvidos na relação de corrupção são de natureza completamente distinta. Isso acontece, por exemplo, no caso de o corruptor oferecer dinheiro e, em contrapartida, a decisão tomada pelo corrupto garantir a obtenção de bens não econômicos. Capitais de outra natureza. É o caso, por exemplo, do indivíduo que pertence ao júri de um concurso literário. Ele se deixa corromper e frauda a avaliação dos candidatos. Essa decisão motivada pela intervenção corruptora garante a vitória a um dos participantes. Nesse caso, há uma troca. A decisão é vendida, a fim de angariar capital econômico. Mas a transação também se reverte em capital simbólico. Capital próprio ao campo da literatura. Notoriedade, prestígio e reconhecimento, que remotamente se deixam traduzir por dinheiro.

Encontramos outro exemplo nos jornais. Espaços seletivos. Sabemos que nem todos os fatos cabem no noticiário. Por isso, existe a decisão editorial. Demarcação de fronteira entre o que vale e o que não vale a pena noticiar. Ali, há dois tipos de intervenção corruptora. Uma delas parte de agentes interessados em que determinado fato seja noticiado quando poderia não ser. Poderíamos chamá-la de intervenção de corrupção editorialmente positiva, isto é, aquela que determina a inclusão de determinado episódio como fato jornalístico. A outra diz respeito à exclusão de determinado fato da pauta por intervenção do agente corruptor. Intervenção editorialmente negativa. De supressão.

Ora, o que se pretendia de forma mais imediata, no primeiro caso, era gerar, com base na inclusão de determinado fato no jornal, um ganho de notoriedade, reconhecimento e prestígio. No segundo, editorialmente negativo, a intervenção corruptora buscaria a exclusão de determinado fato, com vistas à preservação de certa imagem pública. Máscara que a eventual notícia poderia aniquilar. Em ambos os casos, o jornalista escolheria a inclusão ou a exclusão de determinado fato, baseado no chamado interesse público, na relevância do acontecimento segundo critérios propriamente jornalísticos.

É evidente que a intervenção de um eventual agente corruptor falseia a escolha e determina uma triagem distorcida, feita com base nas consequências positivas ou negativas que a publicação acarrete para o interessado. Nesse caso, a quantificação do montante pretendido se torna complexa, porque as consequências de ganho de notoriedade, de um lado, ou de destruição da boa reputação, de outro, são dificilmente quantificáveis em cifras.

Na eventual repetição das práticas de corrupção entre os mesmos agentes, compra de decisões análogas e benefícios do mesmo tipo alcançados pelo corruptor, os montantes a serem pagos são definidos por relações anteriores. Ainda, quando as pessoas envolvidas não são as mesmas, mas as práticas que configuram a relação já são conhecidas, os montantes podem ser definidos por analogia.

Assim, podem surgir tabelas de cifras que ajudam a organizar esse tipo particular de mercado. Em razão do posto ocupado, do tipo de decisão a tomar e da extensão do benefício pretendido, o montante a ser pago será de tanto a tanto. Nada impede que as formas mais seguras de circulação desses bens, com vistas à preservação da opacidade, também se consagrem e se tornem óbvias. Mas tudo isso exige certa habitualidade, que não é excepcional nas relações de corrupção.

Corrupção *habitual*

Por vezes, a relação de corrupção se esgota numa operação singular. Assim, por exemplo, dois indivíduos que nunca tinham se relacionado se encontram para esse tipo particular de troca. O poder decisório de um é vendido ao outro. Com isso, a decisão tomada permite ao corruptor alcançar o que pretende. Muitas vezes, no entanto, essa relação se inscreve numa rotina, numa prática sequenciada. Nesse caso, os procedimentos de corrupção se repetem. Mais do que isso. Presume-se, de parte a parte, que os procedimentos de corrupção se repitam.

Tomemos um exemplo. A campanha de um candidato a deputado é patrocinada por uma grande empresa. Em virtude desse aporte econômico, o candidato é eleito. A empresa, por sua vez, espera que o político possa lhe garantir vantagens, não necessariamente legislativas. Na verdade, a empresa espera que seu patrocinado interceda no Poder Executivo ou num ministério específico, para que delibere pela realização de atividades que requeiram os serviços da empresa patrocinadora.

Nesse caso, o deputado age como intermediário entre, de um lado, os interesses da empresa que custeou sua campanha e, de outro, o servidor público que, no Poder Executivo, tem a prerrogativa de decidir e, portanto, de beneficiar a empresa que lhe garantiu a eleição. Ora, o agente corruptor continua sendo a empresa. Aquela que se beneficiará da decisão. O agente corrupto continua sendo o servidor do Poder Executivo. Aquele que vende sua decisão em nome do interesse da empresa corruptora. O deputado é um mero mediador dessa relação de corrupção. Assim, a tomada de decisão do servidor não atenderá, na sua singularidade, à expectativa da empresa custeadora da campanha.

Os interesses da empresa só serão satisfeitos se houver uma prática reiterada de decisões que possam permitir serviços por ela prestados. Nesse caso, estabelece-se uma relação de corrupção continuada, que se protrai no tempo. Relação essa que, de certa forma, justifica o investimento numa nova legislatura do deputado. E que justificará também aportes econômicos para a eleição do próprio Poder Executivo.

Presume-se, assim, que o servidor público, que deveria continuadamente deliberar em razão de critérios relacionados à satisfação do interesse público, venda sistematicamente suas decisões, com vistas a atender a outros interesses. Servindo-se de outros critérios. Ora, nesse caso de relação continuada de corrupção, a definição dos montantes é facilitada pelo critério da tradição. Da repetição. São os montantes de ontem que servem de referência para os montantes de hoje, garantindo, assim, por parte dos agentes decisórios, uma espécie de complemento dos próprios vencimentos, que se anexam a alguma remuneração mensal, por exemplo.

Por vezes, essa habitualidade se estrutura na relação entre agentes pertencentes a campos sociais distintos. Nesse caso, a corrupção também pode levar um agente vinculado a um campo a interferir no funcionamento de outro, falseando, assim, suas regras. Alterando os percursos legítimos e as estratégias oficiais de acesso aos troféus. E redefinindo posições internas àquela área de atuação em razão de conduta que lhe é não só exterior, mas de significação complexa.

Assim, imaginemos a relação entre um jornalista e um profissional da política. Um e outro pertencem a universos sociais específicos. O jornalista joga o jogo do jornalismo. Tabuleiro esse que agrupa dominantes e dominados, pretendentes, regras, troféus, estratégias autorizadas, ritos de iniciação, hábitos, formas de agir e reagir, jargões, expressões e assim por diante. O político, por sua vez, pertence ao seu reduto. Espaço relativamente autônomo de posições, onde os agentes também disputam troféus específicos com regras próprias, certa distribuição de capital etc.

Ninguém duvidará que os troféus do campo jornalístico não se confundem com os do campo político. Em outras palavras, o que os grandes jornalistas disputam como reconhecimento, notoriedade, glória, prêmios e troféus nada tem a ver com o que está em disputa no campo dos profissionais da política. Assim também a presença no campo jornalístico implica o domínio de certas competências, de certa maneira de entender o mundo, de pensar a realidade. O que também não se confunde com o campo político. Também fica fácil de perceber que o capital propriamente jornalístico de prestígio e de legitimidade está distante do capital propriamente político de prestígio e de legitimidade. Portanto, os campos jornalístico e político são diferentes e relativamente autônomos entre si.

Ora, a relação entre os agentes desses dois campos pode ser lucrativa para eles. O jornalista precisa de fontes privilegiadas.

O profissional da política carece de um filtro favorável na hora de tornar públicas suas atividades. Assim, as decisões editoriais podem aliviar a barra ou demonizar o desempenho do político. E este poderá decidir para quem conta os fatos mais quentes de que tem ciência. O jornalista decide de acordo com um critério que favorece sua fonte. E o político se dedica a narrativas por vezes distantes de seus afazeres, a fim de comprar a docilidade do temido agente do quarto poder. Nessa cumplicidade, leitores e cidadãos são, de certa forma, preteridos.

Ora, nesse matrimônio de conveniência recíproca, é muito difícil estabelecer algum parâmetro de mensuração das vantagens e, consequentemente, dos favores devidos. Afinal, os incrementos de capital propriamente jornalístico, obtidos pela ação do político, não têm comparação com os benefícios obtidos por este ante o esvaziamento de um escândalo iminente.

Corrupção sem dinheiro

Até aqui, propusemos relações de corrupção em que a troca se dá entre o agente que vende o seu poder de decisão e o corruptor que compra o poder de decisão mediante compensação monetária. No entanto, nem sempre as práticas corruptoras envolvem recompensa financeira. Assim, a alienação de um critério decisório pode ter outro tipo de contrapartida. É o que acontece quando uma decisão que interessa ao corruptor é paga com outra de interesse do corrupto. Em outras palavras, vendemos a soberania do uso de certo poder mediante a contrapartida da interferência no exercício de outro poder.

Tomemos o caso das relações, aqui genericamente consideradas, entre os poderes Executivo e Legislativo. Imaginemos que um governo pretenda aprovar determinada política, medida ou projeto. Sabemos que a eficácia de qualquer ação de gestão depende da agilidade com que é implementada. Mas, para isso, os freios e contrapesos da tripartição de poderes exigem que essa ação seja aprovada pelo Legislativo.

Pois muito bem, caberia a deputados e senadores avaliar a proposta do governo em razão do que consideram o melhor para a sociedade. O tal povo soberano que elegeu todos e em nome do qual todos estão ali decidindo. No entanto, os legisladores podem atribuir valor ao projeto, aprová-lo ou não, segundo algum outro critério. Um critério que garanta a sua aprovação rápida, atendendo assim aos interesses dos propositores. Mas por que fariam isso? Por que trocariam de referência decisória? Por que abririam mão de decidir pensando nos efeitos sociais daquela medida? Por que dariam primazia aos interesses do Executivo? Por que alienariam sua decisão, traindo justamente aqueles que asseguram o seu poder decisório? Que contrapartida justificaria tamanha traição?

Legisladores são cabeças de verdadeiras empresas políticas de representação. Não trabalham sós. Para continuar legislando, preocupação de ouro de todos os que vivem disso, passam pelo crivo eleitoral a cada quatro ou oito anos. Esse processo seletivo periódico vem se mostrando cada dia mais custoso e acirrado. Assim, os candidatos carecem de importantes aportes econômicos, para fazer frente aos gastos para se eleger. Surgem, então, financiadores de campanha. Muitos já são amigos antigos, de outros carnavais. E já garantiram aportes que permitiram vitórias do passado. Outros são parceiros de agora. Resolveram apostar suas fichas em quem se mostra mais confiável.

Sempre podemos nos perguntar: Por que um agente detentor de capital, seja ele quem for, ofereceria recursos que correspondem a tanta energia dispendida, a um candidato a deputado ou senador? Podemos pensar, inicialmente, que haja interesse em melhorar a vida de todos. A situação do país. Quem sabe, por tabela, de toda a humanidade. E o que propõe o candidato em seu projeto de trabalho coincide em grande medida com as representações de mundo ideal acalentadas pelo abonado doador. Eis uma possibilidade real, que não deve ser descartada. Acreditamos mesmo que essa motivação exista em muitos casos.

Mas poderíamos pensar de outra forma. Sempre como hipótese. O doador do recurso espera que a vitória e o posterior desempenho de seu candidato lhe permitam obter alguma vantagem que – se não fosse assim – seria impossível. Pode ocorrer que as prerrogativas próprias de um legislador, seu campo normal de decisão, não sejam as adequadas para proporcionar ao financiador a contrapartida específica que espera receber. Dependendo das características da sua atividade econômica, quem pode decidir no sentido de beneficiá-lo é justamente o Poder Executivo, por intermédio de seus agentes.

Ora, se você, leitor, está acompanhando essa história desde o começo, já se deu conta de que juntamos a fome com a vontade de comer. De um lado, o agente do Poder Executivo quer que o legislador não embace a sua vida na hora de aprovar seus projetos. De outro, o legislador precisa garantir a alegria de seus fiéis parceiros. Nesse caso, um depende do outro. Um depende da decisão do outro. E, portanto, nada mais previsível que proponham uma troca. Escambo decisório. Corrupção sem dinheiro. Higiênica. Limpa. Nada de malas, cuecas ou transferências comprometedoras. Nada para lavar depois. Nem mesmo as cuecas, o que garante maior opacidade, condição da manobra. Claro que o risco nunca é zero. Mas, se todo mundo ficar satisfeito, a chance de dar *zica* é muito pequena.

Veja que curioso. O governo precisa que o Legislativo vote a seu favor e, portanto, intercede junto a ele, a fim de obter uma decisão que lhe seja favorável. O Executivo oferece aquilo de que sabidamente o deputado precisa, isto é, remunerar os seus fiéis. Aqueles que garantem a sua reeleição. E, portanto, esse mesmo Executivo que deveria tomar decisões técnicas, centradas na mais estrita racionalidade, com vistas a proteger essa mesma sociedade, acaba agindo para atender aos interesses dos legisladores. Situação particularmente nefasta para a sociedade em questão.

Ainda nesse caso, nem os agentes do Executivo nem os legisladores agirão de acordo com o princípio da representação. Ambos se tornam vendedores de suas prerrogativas decisórias, para satisfazer o interesse de seus interlocutores. Na troca, decisão paga decisão. E, em ambas, o povo soberano foi preterido pelo colega de relação.

Esse tipo de troca é mais comum em relações de corrupção continuadas, que se protraem no tempo. Justamente por serem mais higiênicas e menos arriscadas, parecem estimular seus protagonistas a torná-las corriqueiras. Afinal, se os dois servidores estão satisfeitos, o financiador representante da sociedade também está, que mal pode haver, não é mesmo? Essas práticas, para se tornarem sustentáveis, carecerão de um argumento legitimador que as torne aceitáveis para além do núcleo de beneficiados.

Corrupção e legitimação

Toda relação continuada de corrupção, por se estender no tempo, carece de um argumento legitimador. Precisa encontrar uma justificativa que torne a prática aceitável aos olhos de quem a identifica. Assim, quando o Poder Executivo, com vistas à satisfação dos interesses dos deputados, loteia o governo, abrindo mão, portanto, do que é melhor para a sociedade, ele o faz com o intuito de obter a aprovação de projetos que talvez, com sinceridade, considere importantes. E o faz, ainda, na expectativa de receber aprovação com agilidade, com vistas à chamada governabilidade. Atalho para seguir governando com eficiência. Nesse caso, a relação de corrupção é apresentada como um meio necessário para atender aos maiores interesses do país. A ideia é de que o meio é aceito como espúrio, mas o que o legitima são os fins. Os fins pretendidos e que só poderão ser alcançados dessa forma.

Por outro lado, o legislador que cobra para decidir a favor do governo acredita que a satisfação dos interesses das forças que patrocinaram sua campanha faz parte da festa da democracia. Representa uma compensação legítima daquele investimento inicial em sua candidatura. Em outras palavras, não é completamente absurdo pensar que, ao atender aos interesses de quem patrocina uma candidatura, de alguma forma, o que estamos fazendo é atender ao interesse deste ou daquele agente social, que, como detentor do capital, também é explorador do trabalho. Assim, sempre se poderá dizer que, beneficiando os interesses desta ou daquela empresa, o que se está pretendendo é proteger o emprego, a empregabilidade, garantir a vida no trabalho, mão de obra remunerada etc.

Às vezes, a corrupção se legitima por sua habitualidade generalizada. Vive-se uma situação em que as pessoas esperam sistematicamente compensações sem que necessariamente tenham de alterar seus princípios decisórios. Um adicional recorrente para fazer o que deve ser feito. Muitas vezes, essas compensações, em forma de vantagens e brindes, antecedem até mesmo o benefício concreto que se pretende obter. Vive-se em corrupção presumida de todos. Uma latência corrupta.

Corrupção latente

Há uma expressão corriqueira, que você já deve ter ouvido repetidas vezes: "Não há jantar de graça". Ela indica que, em certos universos, as manifestações que proporcionam alguma facilidade, algum ganho, e podem, num primeiro momento, ser interpretadas como pura generosidade, visam, na verdade, estabelecer com o agraciado uma forma particular de dominação, de escravidão, de aprisionamento.

Assim, é comum no mundo das empresas a oferta de presentes de valor significativo. Joias, relógios, bebidas caras, passagens aéreas, estadias em países estrangeiros e outras regalias facilmente censuráveis. Todas elas são apresentadas, num primeiro momento, como facilidades e vantagens simpáticas e desinteressadas. No entanto, certamente resultam em constrangimento futuro.

Ante uma tendência e uma expectativa de reciprocidade, aquele facilitador de ontem pode cobrar a conta. Passar a régua e sugerir algum tipo de retorno facilitador que implique uma vantagem da qual ele seja o beneficiado. Vantagem que, claro, não existiria se aquele responsável pela tomada de decisão agisse segundo os critérios da estrita racionalidade. Zelador dos valores inerentes ao seu trabalho. Perceba que a doação e a facilitação anteriores antecipam determinada vantagem com vistas a um ganho futuro. Existe, portanto, uma estratégia velada e dissimulada.

Ora, a não aceitação da volta, da reciprocidade e da decisão favorável ao facilitador de outrora indica ingratidão. Desequilíbrio na relação. Não compartilhamento de valores, como se quem rejeita o "brinde" atestasse: "Não estamos juntos. Não somos parceiros. Esqueça. Não somos camaradas nessa empreitada".

Perceba, então, que as relações de corrupção podem se caracterizar pela compra de uma tomada de decisão antecipada e anterior mesmo à situação em que a vantagem é pretendida. Essa distribuição de facilidades pressupõe uma relação genérica de corrupção. A enunciação implícita é mais ou menos esta: "Não sei bem quando é que você vai me quebrar o galho e facilitar a minha vida decidindo a meu favor, mas, por via das dúvidas, você já está pago. Eu já deixei você no bolso. Garanti a sua boa vontade com relação a mim". Por essas e por outras, as facilidades, os dons e os presentes podem conter em si uma dimensão venenosa que enviesa a relação e constrange a um procedimento que trai os protocolos legítimos de conduta e de decisão.

Fica claro que os agentes da corrupção buscarão encontrar argumentos legitimadores quando essa prática é reiterada. Argumentos que confiram a essa conduta alguma aceitação possível, que a tornem tolerável e, por que não, até necessária. O discurso supostamente legitimador da corrupção costuma apresentar como conclusão última que os comportamentos relacionados à relação de corrupção são da mais estrita necessidade, da mais estrita inexorabilidade. Resultam da lógica do sistema e, portanto, impõem-se à decisão dos agentes envolvidos naquela relação.

Assim, a legitimação de práticas como as que pertencem a uma relação de corrupção costumam desconsiderar a parte de autonomia que temos para dizer não em última instância. Desdenham da vontade de cada um que – como resultado de uma livre articulação racional a respeito de condutas e deveres –, sejam quais forem as circunstâncias, sempre poderá deliberar pela recusa em obter vantagens indevidas. E você, leitor, sabe que essa vontade existe, porque você, como nós, já se rebelou – e não poucas vezes – ante propostas apresentadas como vantajosas em troca de atitudes que não aceitou ter.

Corrupção: Uma questão moral

A moral é com frequência confundida com alguma privação de liberdade que se impõe a cada um de nós para escolher a vida. A conduta, a situação, as relações, a postura etc. Assim, cogitou-se um instante prazeroso, mas a moral fez abortar a escolha. Nesse caso, a falta de moral permitiria a busca do próprio prazer, sem entraves.

Ora, esse entendimento não é o nosso. Para reprimir, a sociedade tem seus mecanismos. Tribunais e polícias. E todos os seus agentes tiranos que, no cotidiano de suas relações, assombram suas vítimas com suas verdades a respeito da existência humana, da reta conduta e do justo agir. Mas ninguém confundiria a moral com polícia, tribunais e tiranos.

A moral é um conjunto de princípios que livremente cada um de nós decide respeitar. Orbital de normas e condutas que nos impomos por deliberação nossa, que respeitaríamos mesmo que não houvesse ninguém vigiando. Mesmo que fôssemos invisíveis. Ou invencíveis. Supõe um olhar do eu sobre a própria vida. Suas atividades, suas condutas, seus hábitos. Objetiva-se em decisões sobre si mesmo. Todos sabemos que o eu não se permite buscar o prazeroso, o conveniente, o agradável a todo momento e de qualquer jeito. O eu se impõe protocolos. E o faz em decisão reservada, sem o constrangimento do olhar punitivo e fiscalizador do outro.

Imagine, caro leitor, que você fosse detentor de algum artifício que lhe conferisse invisibilidade. Bastaria estar de posse de algum artefato ou tomar uma pílula e pronto, ninguém mais poderia ver o que você faz. Pense. Agora, tudo está ao seu alcance. Não há mais obstáculo. Riquezas, delícias táteis, eliminação de inimigos, ciência do sigiloso... O mundo aos seus pés.

Mesmo nesse caso, você não vai aloprar completamente. Não agredirá crianças, não roubará pobres, não constrangerá indefesos, não entristecerá tanta gente. Você aceita que, mesmo quando nenhuma punição for possível, você não se permite. Não se autoriza. Não concede. Ora, a moral é exatamente isso. Aquilo que você não se autoriza na mais estrita liberdade deliberativa. Como uma escolha de vida. Sem nenhum fiscal à vista. Sem radares ou pardais. Sem roletas digitais ou câmeras. Sem grampos telefônicos ou programas de registro de *e-mails*.

Agora, fica fácil entender o que queremos dizer ao afirmar que a corrupção é uma questão moral. Sabemos que, de um lado, temos natureza desejante e quase tudo nos falta, nos faz falta. Somos educados para subir na vida. E possuir cada vez mais bens considerados de valor. Sabemos que a participação numa relação de corrupção pode turbinar essa trajetória de sucesso material. Facilitar o enriquecimento.

Por outro lado, também é certo que algumas formas de organização da sociedade, processos, sistemas e instituições facilitam práticas corruptoras, ao passo que outras as dificultam. Podemos até concordar que, em certos campos sociais, tal como se encontram estruturados, a própria presença no campo – o que dirá a busca bem-sucedida de seus troféus – supõe condutas revestidas de opacidade, que deterioram o resto do tecido social.

Mas, ainda assim, defendemos que, em última instância, sempre resta a soberania para dizer não. Escolher critérios decisórios entendidos protetivos do bem comum e rechaçar aqueles que beneficiam apenas um eventual agente corruptor. Se corromper é condição de pertencimento, pois que se prefira a exclusão. Se for condição de vitória, que se decida pela derrota. Se for condição de glória, que se opte pelo anonimato, porque somos todos dotados dessa alternativa existencial. A de dizer não ao próprio ganho em nome de qualquer outra coisa que julguemos mais valiosa.

É muito comum desconsiderar essa prerrogativa última. Acreditar que não poderia ser diferente, que o problema é do sistema. Ele, sim, é corrupto. As pessoas são apenas suas vítimas. Essa estratégia de negação da liberdade de cada um, o existencialismo denomina de má-fé. Ultrapresente nos discursos sobre corrupção.

Corrupção e má-fé

Na hora de explicar nossos sucessos e nossos fracassos, usamos maneiras de pensar diferentes. Paradigmas contraditórios. Lógicas opostas. Assim, é muito comum, na hora de um grande êxito, explicá-lo pelos méritos e pelas qualidades incontestáveis daquele que acaba de agir. Quando o jogador de futebol que realiza uma jogada faz um gol, levando a equipe à vitória, não hesitamos em chamá-lo de craque, acima da média, fora de série, jogador diferenciado, aquele que desequilibra. Da mesma maneira, quando alguém decide, no âmbito empresarial, a fim de aumentar as vendas, alargar a fatia de mercado da empresa, concentrar o capital em volta de si, não hesitamos em chamá-lo de iluminado, de executivo de excelência, guru. Igualmente, um político que, em situações difíceis, consegue manipular a opinião pública, conservar o poder e, nos tempos de bonança, eleger sucessores com facilidade é um gênio da política, um estrategista ímpar, dotado de inteligência indiscutível.

No entanto, nas situações contrárias a essas – como, por exemplo, no momento em que o jogador não joga bem, não consegue marcar gols, não consegue ser eficaz, fracassa em levar sua equipe à vitória; ou o executivo que, na hora de decidir, acaba fazendo uma escolha equivocada, que leva a resultados pífios; ou o político que perde o poder que tem, não consegue se reeleger e apequena a influência de seu partido –, as explicações costumam indicar como grande causa dessas ocorrências fatores externos à própria deliberação, à própria ação.

Assim, Neymar não jogou bem por conta da excelência do sistema defensivo adversário, por conta da marcação implacável dos defensores, por conta do excesso de faltas, por conta de, talvez, estar mais preocupado com os patrocinadores. Assim também algum executivo que tenha decidido equivocadamente. Foi vítima das questões políticas internas da empresa, ao fato de ter de dar muita satisfação aos acionistas, ao fato de se encontrar tolhido para agir livremente. E o político que fracassa, bem, esse talvez esteja na sociedade errada. Uma sociedade que não valoriza a excelência. Um povo que não sabe votar. Uma nação que não tem memória. E outras baboseiras do gênero.

Assim, no sucesso, destacamos a liberdade deliberativa e o acerto da escolha. No fracasso, destacamos a falta de liberdade deliberativa e todas as variáveis que, transcendendo ao agente que delibera, determinam o seu pesar. Parece haver aí má-fé na hora de encontrar as verdadeiras causas de nossos sucessos e de nossos fracassos. Afinal de contas, se somos todos vítimas da nossa trajetória, das condições em que vivemos, do meio ambiente, da temperatura, do sistema, das relações entre o Poder Executivo e o Legislativo, da maneira como são escolhidos os deputados; se somos todos vítimas das coisas do mundo como elas são, então, deveríamos aceitar com mais tranquilidade também que, na hora dos grandes acertos, não temos nenhum mérito, porque tudo é o que só poderia ser.

Nesse caso, teríamos banido a moral de nossas vidas. Desmoralizado nossas existências. Isso porque a moral se materializa em normas e imperativos que nos impomos em plena soberania decisória de recusar o que mancha nossa dignidade.

Corrupção e imperativos

A relação de corrupção é fato social ricamente exemplificativo da fronteira estabelecida pela filosofia moral moderna entre imperativos hipotéticos e categóricos. Dois tipos muito diferentes de imperativos que atravessam nossa vida moral. Cada um a sua maneira. Os primeiros dizem respeito às nossas pretensões, àquilo que circunstancialmente queremos num determinado momento. Para alcançar objetivos, agimos. E o imperativo da nossa conduta é instrumento para a obtenção do resultado desejado. Assim, se quiser emagrecer, coma menos. O imperativo "comer menos" é hipotético, porque só é pertinente à hipótese de você querer emagrecer. Se quiser nadar mais rápido, treine mais. Ora, o imperativo "treinar mais" só é pertinente na hipótese de você querer nadar mais rápido. Se quiser pensar melhor, estude filosofia. Ora, o imperativo "estude filosofia" só é pertinente na hipótese de você querer pensar melhor. E, portanto, para driblar cada um desses imperativos hipotéticos basta não desejar. Não querer nem nadar mais rápido nem pensar melhor. Muito menos emagrecer. Pensemos num último imperativo hipotético. Se quiser viver mais, pare de fumar. Ora, o imperativo "pare de fumar" é pertinente na hipótese de o fumante pretender alongar a própria existência. Caso não seja essa a sua pretensão, o imperativo "pare de fumar" deixa de ter pertinência.

Passemos àquele imperativo que independe de pretensões, o categórico. Pretenda você o que pretender, sua conduta deve ser regida por essa operação racional apresentada pelo filósofo Kant. Diz ele que devemos agir de tal maneira que o princípio que rege nossas condutas se converta em princípio universal de condutas. Que qualquer um, para agir, possa fazer o cálculo que você fez. Possa pensar como você pensou. Possa raciocinar como você raciocinou. Em outras palavras, a maneira de decidir a própria conduta deve ser a mesma para qualquer um. Princípio da universalidade. Faça de tal maneira que qualquer um possa proceder da mesma forma.

Ora, o imperativo categórico se traduz em outros por inferência. Já que devemos agir de tal maneira que nosso procedimento seja adotável por qualquer um, então, é de concluir que devemos agir de maneira que todos saibam como fizemos, procedemos e deliberamos. Princípio da publicidade.

Assim, o exame da relação primária de corrupção basta para distinguir entre esses dois tipos de imperativo. E mostrar que a moral fundada apenas em imperativos hipotéticos pode levar a situações que não desejamos. Nessa relação, a ação de corruptores e corruptos satisfaz as pretensões de ambos. Na hipótese de desejar enriquecer rapidamente, aceite compensação financeira pelas suas prerrogativas decisórias. A prática corrupta é meio adequado para enriquecimento rápido.

Porém, a relação de corrupção não atende ao princípio de universalidade, tampouco ao princípio da publicidade que acabamos de expor. E por quê? Porque, se pretendermos que todos deliberem da mesma forma que deliberam um corrupto e um corruptor, a própria relação de corrupção se vê comprometida, dado que carece de opacidade, de não publicidade e, portanto, da ignorância dos demais.

Mas o fato de defendermos a tese de que a corrupção é uma questão moral em última instância não significa que ignoremos a incidência dos afetos, das emoções no exercício de nossa liberdade decisória.

Corrupção: No início era a tristeza

Toda relação de corrupção implica uma proposta e uma aceitação. Manifestação de vontade. Liberdade em última instância. Articulação da razão. Diretamente relacionada aos afetos que lhe servem de substrato. Assim, cabe-nos analisar os afetos mais presentes em situações em que a corrupção se materializa.

Como vimos, protagonizar práticas corruptoras implica uma suspensão de identidades. Ficam comprometidas convicções consolidadas sobre si mesmo. Admite-se entre quatro paredes a hipocrisia. O teatro da vida social. Por tudo isso, o afeto primeiro dessa relação é a tristeza, entendida aqui como a passagem para um estado de menor potência. Perda de potência de agir. Queda de energia vital. Apequenamento de essência. Essa tristeza é a consequência afetiva imediata da necessária opacidade das próprias práticas. De ruptura de um entendimento sobre si mesmo. De dúvida sobre o próprio papel social. De perda da face, conceito da microssociologia.

Tristeza, sim. Mas não qualquer tristeza, porque essa, inerente às práticas corruptoras, tem uma causa particular. A própria conduta. A própria postura. Um atributo flagrado em si mesmo. E quando a tristeza de alguém é causada por alguma coisa que ele próprio fez ou disse ou pensou, ela muda de nome. Passa a se chamar vergonha. Sempre de si mesmo. Sempre do que não gostaria de ter flagrado em si mesmo. Sempre resultado de um desalinhamento entre a concretude da própria conduta e o comportamento esperado por si mesmo. Como preferiria ter agido. Como gostaria de ser definido por si mesmo e pelos demais.

Perceba que a vergonha pressupõe dois "eus" em um só. Transcendência do ego, para alguns. Consciência de si, para outros. Exemplos sempre ajudam. Quando você constata que engordou, deve reconhecer que são dois na jogada. Um é o gordinho. O outro é quem percebeu a nova distribuição de massa. Quando passa em revista os instantes de um jogo de futebol de que participou e lamenta o próprio movimento, são dois novamente. O agente nem tão craque assim e o observador de si mesmo. Finalmente, quando você age no calor de uma discussão de forma violenta, lamenta logo em seguida o destempero, no serenar dos ânimos. Dois de novo. Ora, é aí mesmo, na avaliação negativa que um eu faz do outro, que se instala a vergonha.

Essa vergonha será tanto maior quanto mais inédita for a relação de corrupção para os agentes envolvidos. Quanto maior a ruptura simbólica diante do *status quo* identitário vigente. Inversamente, quando as práticas corruptoras se repetem, perfazendo uma relação longeva, os efeitos afetivos da suspensão das identidades vão se fazendo sentir cada vez menos, como se os agentes acionassem com sucesso progressivo mecanismos psíquicos protetivos. Antídotos da vergonha. Afinal, ninguém suporta se avaliar negativamente o tempo todo. Se vergonha é forma particular de tristeza, ninguém suporta o despencar ininterrupto da própria potência.

Assim, por conta da vergonha que a abordagem corruptora enseja, muitas relações são abortadas no nascedouro. Reação prática imediata contra a tristeza sentida. Imagine um servidor público abordado pelo representante de uma empresa que o procura para oferecer um montante em dinheiro em troca de uma tomada de decisão que lhe seja favorável. O servidor público, escorado numa sólida construção identitária, enxerga naquela abordagem um movimento de ruptura que lhe entristece. E essa tristeza determina a repulsa ao primeiro movimento do corruptor.

Mas nem sempre isso acontece. Apesar da vergonha inicial, muitas abordagens corruptoras dão início a uma relação que vai longe, que se estende no tempo, por vezes, até o final da vida de seus protagonistas. Recheada de outros afetos. Mas essa continuidade gera estranhamento. E por quê? Ora, se alguém surge na nossa frente e nos faz uma proposta que blasfema contra nossa história, produzindo tristeza, gerando vergonha, o que justifica continuar ali? Por que não cair fora logo? Já que somos o tempo todo um esforço de perseverança em nós mesmos, de conservação ou aumento de nossa energia vital?

Corrupção: Vitória da esperança

Se a relação continua é porque algo compensa a vergonha. Um afeto de redução de potência só pode ser compensado por outro que a aumente. E assim surge um segundo afeto, sempre presente numa relação de corrupção. A esperança. Trata-se, com efeito, de um ganho de potência que tem por causa uma representação mental. Uma imaginação.

No caso da relação de corrupção, a imaginação do corrupto, geradora de esperança para ele, tem por objeto o desfrute de alguma vantagem, como a posse do montante oferecido pelo corruptor. Por parte do corruptor, sua iniciativa também é movida pela esperança. Na sua imaginação, o corrupto por ele abordado aceita sua proposta e decide de forma que o beneficie.

Assim, a sequência da relação de corrupção depende da aceitação, por parte do corrupto, da proposta do corruptor. Como vimos, essa aceitação está imbricada numa relação de forças afetivas específica, que se objetiva na vitória da esperança sobre a tristeza. Esperança de um duplo ganho. A remuneração pelo trabalho honesto e o *plus* decorrente de uma tomada de decisão enviesada. Na medida dos anseios do corruptor.

Toda esperança é inseparável do seu contrário. Imaginar a ocorrência de algo que esperamos implica correlatamente imaginar seu contrário, sua não ocorrência, que tememos. Não há esperança sem temor. Assim, a cura imaginada de um familiar enfermo que amamos vem sempre acompanhada da imaginação do seu óbito. A vitória imaginada de um time do coração vem sempre acompanhada da imaginação da derrota que tanto tememos.

E os temores do corrupto podem ser muitos. O primeiro e mais óbvio é o flagrante da venda do processo decisório por parte de um elemento externo ao polo corruptor e a ele próprio. Com todas as consequências que esse flagrante implica. A saber, consequências próprias a uma perseguição judicial, por conta da ilicitude do ato, e outras relacionadas à notoriedade, ao bom nome, ao desprestígio, ao achincalhe público.

Resumindo, até agora, o corrupto se envergonha com a suspensão de sua identidade, é afetado de esperança pelo ganho imaginado e de temor pela transparência imaginada de sua prática corrupta. Mas a coisa pode não ficar por aí. Nem sempre o corruptor é assim tão elegante. Faz uma proposta e espera para ver o que acontece, deixando o corrupto à vontade para deliberar com tantos interesses em jogo. Ele pode pegar mais pesado.

Corrupção e chantagem

Um quarto afeto pode incidir sobre a decisão do corrupto. Um tipo particular de temor, que resulta de uma eventual chantagem por parte do corruptor. Assim, além da aversão ao flagrante e à quebra de opacidade e todas as suas consequências, pode recair sobre o corrupto um outro tipo de temor. Em sentido contrário. No sentido da realização ou da continuidade da relação corrupta, que é o temor decorrente da chantagem do agente corruptor.

Imagine um fiscal de tributos. Agente do Estado. Encarregado de fiscalizar o pagamento de tributos de propriedade rural. Em sua rotina, depara-se com imensa sonegação. Para que faça vista grossa, o produtor rural fora da lei oferece forma particular de decisão enviesada. Proposta capaz de balançar o mais reto dos homens: a independência financeira de três gerações. O que, evidentemente, produz sobre o agente fiscalizador a esperança correspondente.

Mas, ao mesmo tempo em que oferece vultosa quantia, o sonegador ameaça: "Caso rejeite minha oferta, saiba que sua família não está livre de sofrer acidentes profundamente lamentáveis. Tragédias que possam resultar em óbito, em abreviação da existência, em 'infortúnios'". E aí, então, no mesmo sentido da esperança de um ganho fácil, pesa o temor de uma represália pela recusa da proposta do corruptor. A irrecusável compensação econômica pela decisão protetiva dos interesses do corruptor.

Essa equação afetiva pode se tornar crescentemente complexa, caso haja várias pessoas envolvidas no polo corruptor e no polo corrupto. Com intervenções e chantagens potencialmente infinitas, porque, nesse caso, a cumplicidade inerente a esse tipo de relação torna a participação de cada um objeto de ameaça mais ou menos velada de todos os demais.

***

Até aqui, analisamos a corrupção do prisma ético e moral. Abordamos os equívocos semânticos. Investigamos de que forma o problema reflete as prerrogativas chanceladas pelo mundo da técnica e também como se vale de narrativas sedutoras. Garantia de visibilidade nos meios de comunicação. Adiante, mostramos como a deterioração representada pelo ato de corrupção, sempre orquestrado, esfacela identidades e, por conseguinte, o tecido social. Também iluminamos os afetos ensejados pela ilicitude e destacamos que nem sempre o que está em jogo é o dinheiro. Cabe esclarecer que esse panorama resulta de especulação prévia que visa ampliar o olhar para além das discussões costumeiras perpetuadas pelo senso comum.

Torcemos para que você, caro leitor, tenha se convencido de que, em última instância, a despeito de todas as "facilidades", a corrupção será barrada – ou não – pela liberdade decisória de cada um.

Na segunda parte, trataremos da corrupção como problema político à luz de atuais pesquisas sobre o tema. Os argumentos e dados apresentados abastecem debates acadêmicos nos campos da filosofia, da ciência política e da economia. A autonomia burocrática seria a raiz do ato corrupto? A cultura é gatilho da ilegalidade? O fim da corrupção é desejável? Os esquemas transgressores podem ajudar o desenvolvimento de um país? Essas são algumas questões, sem dúvida, provocadoras, levantadas a seguir.

PARTE 2

A CORRUPÇÃO COMO
PROBLEMA POLÍTICO

Corrupção e autonomia burocrática

A história a seguir aconteceu com um dos autores do livro.

O namoro se iniciava. Empolgado para impressionar a namorada, levei-a para um café a 35 quilômetros de São Paulo. Trinta e cinco quilômetros para tomar um café? Os biscoitos são ótimos, lá é mais frio e o clima é romântico, argumentei. Fomos em meu Fiesta prata. Ela gostou do café. Na curva de acesso à estrada, a surpresa: um policial rodoviário. Meu carro foi parado.

Boa tarde, senhor. Habilitação e documentos do carro, por favor. (Entreguei.) O senhor está com o IPVA vencido. As luzes traseiras do carro estão apagadas. O pneu dianteiro esquerdo está baixo. (A namorada me olhou com desprezo. Hesitei.) Parece que esse troço perto do rádio é um dispositivo antirradar. Vamos pensar só no IPVA. Vai lhe custar uns R$ 500,00 para regularizar isso. Mas posso deixar passar se a gente entrar em um acordo.

(A oferta de corrupção era óbvia. A conclusão? Minha memória é, como a de todos os seres humanos, guiada por emoções. Não lembro o que fiz. O namoro persiste.)

Essa história se encaixa na definição de "ato corrupto", proposta pelos economistas Edward Glaeser e Claudia Goldin (2006). Para eles, existe corrupção quando: 1) um agente público recebe pagamento para além do salário; 2) há um ato, associado a esse pagamento, que viola leis ou convenções sociais; 3) esse ato resulta em perdas para a sociedade como conjunto.

Essa definição é, sem dúvida, importante para entender a corrupção do burocrata e do político. É interessante por abranger muitos tipos diferentes de trabalho burocrático. Pode ser aplicada, por exemplo, a um professor que dá aula em uma escola pública. É plausível que alunos (ou pais de alunos...) procurem subornar o professor para que ele seja mais bonzinho na correção de provas. O suborno pode ser monetário ou de outra natureza. O ato associado ao suborno – a mudança de critério na correção da prova – é ilegal, pois os professores devem tratar todos os alunos e alunas de maneira indistinta, com isonomia. Se resulta em perdas para a sociedade como conjunto? É bastante possível que sim. Afinal, as consequências sociais de aprovar alunos que deveriam ser reprovados são certamente negativas.

Esse exemplo fictício nos leva a considerar um aspecto crucial – e nem sempre lembrado – sobre o que incentiva um burocrata a ser corrupto. Quando citamos que o professor pode mudar de critério para corrigir certas provas, o que isso quer dizer? Que não há critérios consagrados em lei para definir o que o professor deve fazer. Em outras palavras, o professor tem autonomia.

Quando corrigimos provas na universidade, essa autonomia nos desafia. Como podemos ser justos com todos os alunos? Deve corrigir as provas de quem veio de escola pública da mesma maneira como corrigimos a de alguém que estudou em escola particular? Se os pais do aluno frequentam o Shopping JK, em São Paulo, devemos ser mais duros do que se a família do aluno vai ao Shopping Interlagos? Ainda que decidamos não distinguir os alunos *a priori*, nossos critérios de correção devem levar em conta somente o conteúdo dado em aula ou também as leituras obrigatórias do curso? Como conciliar essas duas coisas?

Como se vê, nossa vida seria mais fácil se houvesse critérios para correção de provas definidos detalhadamente em uma lei. Mas nosso julgamento profissional teria menor peso e é bem provável que nos sentíssemos menos úteis, caso fossemos tão constrangidos pela legislação. (Nossa motivação intrínseca diminuiria.)

Há, no entanto, um lado perverso da autonomia. Será que é desejável que burocratas possam tomar decisões sem regras detalhadas? Diversos estudiosos da corrupção acreditam que isso pode levar a mais atos corruptos. Um dos mais citados é o economista Robert Klitgaard, ex-consultor do Banco Mundial e autor de *Controlling corruption* e *Tropical gangsters*.

Klitgaard propõe uma abordagem microeconômica da corrupção, considerando que há um mandante (chefe de repartição pública ou presidente, por exemplo), agentes (burocratas, funcionários da administração pública em geral) e clientes (cidadãos e grupos de interesse). O comportamento corrupto do burocrata depende dos relativos custos e benefícios esperados do ato corrupto.

O agente corrupto será beneficiado por ganhar dinheiro além do salário que recebe, mas arcará, potencialmente, com três tipos de custo: o custo moral de ser corrupto, a punição interna que pode sofrer e a punição judicial.

A decisão em ser corrupto, de acordo com Klitgaard, será tomada considerando os seguintes aspectos: Eu, burocrata, monopolizo o serviço que está sendo prestado? Tenho autonomia para definir os critérios que orientam o serviço prestado? Tenho a expectativa de não ser responsabilizado pelo ato corrupto? Caso a resposta para as três perguntas seja afirmativa, a chance de haver corrupção é razoável.

Mas o que, afinal, é ter autonomia? Vamos a um exemplo universal: tirar carteira de motorista. No Brasil, fazemos uma prova teórica, em que são cobradas noções de primeiros-socorros, sinalização de trânsito etc., e uma prova prática.

Acordo de madrugada para integrar uma enorme fila, perto de ruas sem circulação de carros. Entro no carro com um instrutor credenciado pelo governo, que andará pelo quarteirão testando minha capacidade de fazer o carro andar, estacionar e não atropelar pombos. Posso duvidar imensamente de minha capacidade de passar nesse teste. Posso ficar tentado a subornar o instrutor. Qual será sua reação?

Se levarmos a sério o que diz Klitgaard, o instrutor terá bons motivos para aceitar a oferta. Afinal, não há monitoramento de seu trabalho e a chance de ser pego é mínima. Mas, mais importante do que isso, é o fato de que o instrutor tem relativa autonomia para definir os critérios de aprovação do futuro motorista. Engasgou para mudar a marcha? Deu ré errado e atropelou um cone? Não tem problema, meu filho, você deve estar nervoso, porque não dirige bem sob pressão.

A autonomia do burocrata que decide quem está apto a tirar carteira de motorista tem implicações reais na corrupção e na qualidade dos condutores autorizados pelo Estado a dirigir. É isso que mostra o estudo "Tirando carteira de motorista na Índia: Uma proposta de estudo experimental da corrupção" (Bertrand *et al.* 2007). Os autores analisaram três grupos de pessoas que tentavam tirar carteira para dirigir – ao todo, 822 motoristas. O primeiro grupo receberia uma recompensa financeira caso conseguisse as carteiras em até 31 dias. (Ou seja, um grande incentivo para subornar o instrutor!) O segundo grupo recebeu aulas gratuitas de direção antes de fazer o exame prático. O terceiro grupo não teve nenhuma alteração ou incentivo para mudar de comportamento: é o que se chama de grupo controle, que existe para verificar se as intervenções – nesse caso, o incentivo financeiro e o incentivo de aulas gratuitas – tiveram algum efeito.

O resultado foi positivo. O grupo de motoristas com incentivo financeiro tirou carteira 40% mais rápido do que os outros e por um preço 20% maior. O grupo com aulas gratuitas, por sua vez, teve 29% menos chances de tirar carteira do que o primeiro grupo, e as mesmas chances do que o grupo controle. Ou seja, a qualidade do motorista é o que menos importa! Os pesquisadores também descobriram que os motoristas menos habilidosos eram os que haviam subornado o instrutor para serem aprovados. Nesse caso, então, o custo social da corrupção é claríssimo: motoristas piores nas estradas.

Até agora, tratamos de corrupção com definições usadas por acadêmicos. E as definições de organizações internacionais que influenciam políticas públicas nos países em desenvolvimento? A mais utilizada é a de que um ato corrupto implica o abuso de poder político para fins privados.

Por se basear em uma definição tão ampla de corrupção, o *ranking* de corrupção da organização Transparência Internacional, divulgado anualmente, é estranho. Trata-se de uma avaliação feita por empresários, lobistas e personalidades da sociedade civil sobre como percebem a corrupção em outros países. "Entre a Noruega e o Brasil, qual país o senhor acha mais corrupto?" O lobista responde que deve ser o Brasil, apesar de só fazer negócios na Suécia e nos Estados Unidos.

Entre 180 países analisados, o Brasil está em 75º no *ranking*; o primeiro (Nova Zelândia) é o país onde os entrevistados acham que há menos corrupção.

Esse *ranking* é equivocado, não só porque não considera experiências *reais* de corrupção dos entrevistados (obviamente, se um empresário foi obrigado a pagar propina para abrir empresa na China, ele tem todo o direito de achar os chineses corruptos), como também porque deixa de considerar os diversos *tipos* possíveis de corrupção política.

Não é óbvio que os desenhos institucionais de cada um dos 180 países "pesquisados" pela Transparência Internacional – que variam enormemente – expõem os agentes políticos a oportunidades bastante diversas e desiguais de serem corruptos? Michael Johnston (2005), no livro *Syndromes of corruption*, analisa com propriedade como o grau de centralização de instituições políticas afeta oportunidades para corrupção. Até a Nova Zelândia pode ser corrupta, segundo sua análise, mas em grau menor do que outros países. É um antídoto aliviador para quem se exaspera com o diagnóstico de que "o brasileiro é mais corrupto do que o dinamarquês".

Cultura causa corrupção?

Oitenta e dois por cento dos brasileiros acreditam que "é fácil desobedecer às leis" neste país, de acordo com a pesquisa

"Índice de percepção de cumprimento da lei", realizada no fim de 2012 pela GVLaw, braço da Fundação Getulio Vargas que ensina e pesquisa Direito.

Comentando os resultados, a coordenadora Luciana Gross Cunha disse ao jornal *O Globo*:[1]

> As pessoas não têm a sensação de que é importante, para a coletividade, obedecer à lei. Mais de 50% das pessoas dizem que não têm razão para obedecer à lei e mais de 70% dizem que o brasileiro sempre opta pelo jeitinho. As pessoas acham que cumprir a lei não vale a pena, não percebem que é importante obedecer às leis, independentemente de seu ganho individual e imediato. Elas não encontram razões e acham que em geral os outros não obedecem.

Há duas coisas inquietantes nessa resposta dos 82%.

A primeira é que, para medir se "é fácil desobedecer às leis", a pesquisa pergunta: "O senhor concorda com as seguintes afirmações: i) É fácil desobedecer às leis no Brasil; ii) Sempre que possível o brasileiro opta pelo 'jeitinho', em vez de obedecer à lei; iii) Existem poucas razões para uma pessoa como eu obedecer à lei". O percentual de entrevistados que concorda muito – ou apenas concorda – com as três afirmações

---

1. "Pesquisa mostra que 82% acham que é fácil descumprir a lei no Brasil", *O Globo*, 23/4/2013.

é, respectivamente, 82%, 79% e 54%. O fato de não serem respostas excludentes enfraquece o resultado. O respondente não precisa pensar "É fácil desobedecer às leis" *vs.* "É difícil desobedecer às leis", por exemplo.

A segunda é que essas respostas contradizem pelo menos dois outros achados da pesquisa. O percentual de entrevistados que respondeu ser "provável" ou "muito provável" haver punição para quem leva itens baratos de uma loja sem pagar por eles é 82%; para quem estacionou em local proibido, 78%. O percentual só abaixa mesmo quando se trata da expectativa de punição para quem compra CD ou DVD pirata (54%) e para quem atravessa a rua fora da faixa de pedestre (52%).

Além disso, 90% dos respondentes disseram que "reprovariam muito" ou "reprovariam um pouco" amigos e conhecidos que levassem itens baratos de uma loja sem pagar por eles, e 83% reprovariam quem jogasse lixo em lugar proibido.

A pesquisa tem, é claro, o grande mérito de trazer essas importantes questões para o debate. Mas fica a pergunta: Se a imensa maioria das pessoas acha que alguém que desobedece a certas leis tem altas chances de ser punido formalmente ou *reputacionalmente*, como também pode achar que "é fácil desobedecer às leis"?

Essa pergunta só pode ser respondida se conseguirmos distinguir o efeito da expectativa de punição legal do efeito das normas culturais para que um ato corrupto ocorra.

De modo brilhante, dois economistas fazem isso no estudo "Corrupção, regras e justiça: Um estudo sobre multas de diplomatas" (Fisman e Miguel 2007). Eles aproveitam uma situação inusitada. Em Nova York, até novembro de 2002, os diplomatas que representavam 149 países na Organização das Nações Unidas tinham imunidade para não pagar multas de trânsito. Quando essa regra mudou, quem será que continuou estacionando seu carro ilegalmente, os diplomatas nórdicos ou os diplomatas latino-americanos? Saber a resposta disso implica saber quem segue as regras mesmo quando não pode ser punido – ou seja, quem age bem por "cultura" – e quem só as segue se tiver medo de ser responsabilizado juridicamente.

Entre novembro de 1997 e o fim de 2002, os diplomatas acumularam mais de 150 mil multas de trânsito, totalizando mais de US\$ 18 milhões! A multa mais comum – 43% – era parar o carro em frente a uma saída de estacionamento (residencial ou comercial).

O Brasil foi o 30º país que mais violou as regras. Antes de novembro de 2002, cada diplomata brasileiro tinha, em média, 30 multas. Eram quatro diplomatas. Após a mudança das regras, a média caiu para 0,23 multas por diplomata.

Os nove diplomatas do Kuwait foram os campeões. Na média, foram 249 multas por diplomata até o fim de 2002! Vinte e um países foram representados por diplomatas bastante honestos, que não receberam multa alguma: Austrália, Azerbaijão, Burkina-Faso, República Centro-Africana, Canadá, Colômbia, Dinamarca, Emirados Árabes, Equador, Grécia,

Holanda, Irlanda, Israel, Jamaica, Japão, República da Letônia, Noruega, Omã, Panamá, Reino Unido, Suécia e Turquia.

O que será que explica isso? Para os autores, se a percepção sobre corrupção em um país é alta, seus diplomatas terão comportamento corrupto no trânsito nova-iorquino. Ou seja, a percepção sobre corrupção captura quanto a desonestidade está "no ar" – ou na cultura – de um país. É exatamente isso que eles provam com testes econométricos. A diferença entre um país com cultura corrupta, como a Nigéria, e um com percepção de cultura mais honesta, como a Noruega, implica uma diferença de 80% nas chances de o diplomata ter comportamento corrupto.

Se a cultura ajuda a explicar corrupção, isso não significa que a expectativa de punição tenha menos poder explicativo. Quando as regras foram alteradas para que os diplomatas tivessem de pagar as multas, o comportamento corrupto diminuiu 98%!

Ainda não podemos cravar, com tanta certeza, que "cultura explica corrupção", porque o conceito de "cultura" está muito gelatinoso. Para tentar resolver esse problema, o estudo "Cultura importa: Os fundamentos do império da lei e outras normas de governança" (Licht, Goldschmidt e Schwartz 2007) destrincha melhor esse conceito e seus efeitos no comportamento corrupto.

Para os autores, três dimensões compõem o que podemos entender por "cultura". A primeira é a de "enraizamento/

autonomia" e se refere à relação desejável entre o indivíduo e a sociedade ou os grupos sociais. Quando o indivíduo se considera muito autônomo em relação à sociedade, isso significa que não procura agir para conservar a ordem social.

A segunda é a de "hierarquia/igualitarismo" e trata da maneira ideal de incentivar atividades produtivas e cooperativas em uma sociedade. Priorizar relações hierárquicas significa enfatizar obrigações individuais dentro de uma distribuição desigual de poder e recursos.

A terceira dimensão é a de "controle/harmonia" e diz respeito à relação dos homens com o mundo natural e social. Se o indivíduo afirma que não é a harmonia que guia seu comportamento, isso significa que ele busca agir para moldar o mundo da maneira que lhe convém.

A hipótese explorada no estudo é a de que países com notas altas nos quesitos autonomia, hierarquia e controle são mais corruptos. Isso ocorreria porque a hierarquia e o controle são compatíveis com o uso ilegítimo do poder e a exploração dos outros membros da sociedade.

Com uma metodologia inovadora, usando a ênfase das línguas de cada país no uso de pronomes (além de pesquisas de opinião) como variável instrumental para isolar os verdadeiros fatores causais, o estudo confirma a hipótese – especialmente em relação às dimensões de "enraizamento" e "hierarquia".

Podemos chegar, então, à seguinte conclusão: a cultura de um país é, sim, importante para explicar em que medida seus cidadãos e políticos agem de modo corrupto. Mas só podemos dizer isso baseados em estudos que consigam ir além da mera pesquisa de opinião e identifiquem, de maneira convincente, as relações causais entre variáveis culturais e atos corruptos.

Corrupção pode ajudar o desenvolvimento?

Em dezembro de 1998, o fiscal Marco Antonio Zeppini, da Administração Regional de Pinheiros, em São Paulo, foi preso em flagrante quando recebia R$ 30 mil de propina, exigida da empresária Soraia Patrícia da Silva, para que ela regularizasse a situação de uma academia de ginástica que pretendia abrir. Esse caso, veiculado pela Rede Globo e amplamente divulgado pelos demais meios jornalísticos, revelou uma rede de corrupção que atingia alguns vereadores que detinham o controle de administrações regionais (ARs). Os fiscais recolhiam a propina de empresários e comerciantes dos bairros, ficavam com parte dela e davam o restante do dinheiro aos vereadores que controlavam informalmente as ARs. Isso rendia a alguns parlamentares um adicional de até R$ 150 mil por mês.

Esse caso ficou conhecido como a "máfia dos fiscais" e não é novidade no país. Ilustra como o empreendedorismo e o desenvolvimento econômico são limitados por burocratas corruptos.

Mas nem sempre essa noção da corrupção como "imposto" informal que atrapalha o desenvolvimento prosperou em meios acadêmicos. Durante boa parte do século XX, duas perspectivas lutaram para influenciar políticos sobre como lidar com corrupção. A primeira, associada à teoria da modernização e defendida por autores como Samuel Huntington (1968), Joseph Nye (1967) e Becquart-Leclerq (1989), considera a corrupção indutora do desenvolvimento econômico. A segunda perspectiva, associada ao liberalismo e às políticas sugeridas pelo Consenso de Washington, enxerga a corrupção como algo que prejudica o desenvolvimento.

A primeira perspectiva é muito bem-representada por Huntington. Segundo esse autor, a corrupção pode ser mais predominante em algumas culturas do que em outras, mas, na grande maioria delas, parece ser mais predominante durante as fases mais intensas da modernização. O autor fornece algumas formulações bastante claras a respeito das vantagens da corrupção. Destacamos duas: "A corrupção confere benefícios imediatos, específicos e concretos para grupos que poderiam estar completamente alienados da sociedade. Assim, a corrupção pode ser funcional para a manutenção do sistema político da mesma maneira que as reformas o são" (Huntington 1968, p. 64) e "A única coisa pior do que uma burocracia rígida, demasiadamente centralizada e desonesta é uma sociedade com um corpo burocrático rígido, demasiadamente centralizado e honesto" (*ibid.*, p. 69).

Na mesma linha, Becquart-Leclerq (1989) é bastante explícito. Afirma que a corrupção funciona como graxa nas engrenagens. É um substituto funcional para a participação direta no poder, é o cimento que une as elites e os partidos políticos, e afeta a eficácia do exercício do poder.

Para esses autores, a corrupção tem a função de integrar diferentes partes da sociedade, algo bastante necessário em países em desenvolvimento. Antes que eles sejam acusados de advogar corrupção para países menos desenvolvidos enquanto preservam a "moral" em seus próprios países, é importante salientar que Nye (1967, p. 417) admite que "a corrupção, no fim das contas, provavelmente foi um fator positivo tanto para o desenvolvimento econômico dos Estados Unidos quanto para o desenvolvimento econômico da Rússia". Esse autor define a corrupção como "comportamentos que desviam dos deveres formais de um cargo público de modo que possibilitem ganhos particulares" (*ibid.*, p. 419). Um tanto minimalista, essa definição não é muito distante da adotada por autores que enxergam a corrupção como um fator que inibe o desenvolvimento econômico.

O custo para a construção de diversos projetos na Itália caiu dramaticamente após a operação Mãos Limpas no início dos anos 1990. Em 1991, um quilômetro de metrô em Milão custava US$ 227 milhões, preço que caiu para US$ 97 milhões quatro anos depois (Rose-Ackerman 1999). Difícil imaginar como esse superfaturamento pode ter sido bom para o desenvolvimento econômico da Itália. Significou, simplesmente, desperdício de dinheiro público. É um exemplo que corrobora o segundo tipo de visão sobre a corrupção: a corrupção como inibidora do desenvolvimento.

Essa visão é adotada principalmente por economistas liberais. Nas palavras de William Easterly (2001, p. 241), "exigir que empresários do setor privado paguem propina é uma espécie de imposto direto sobre a produção, então é de esperar que a corrupção diminua o crescimento econômico". Diversos trabalhos mostram que há uma correlação negativa entre corrupção e crescimento, assim como há correlação negativa entre corrupção e a parcela do PIB que é revertida para investimentos públicos. O economista Paolo Mauro (1995), por exemplo, afirma que a associação negativa entre corrupção e investimento, assim como entre corrupção e crescimento econômico, é significativa tanto economicamente quanto estatisticamente na sua amostra de cerca de 70 países.

Combatendo a corrupção via eleições[2]

Quem entra na loja Guitarworks em um subúrbio do estado norte-americano de Illinois, bem no nordeste do país, se depare com uma tosca exclamação de cidadania na porta: uma folha sulfite malcolada com os dizeres "Blagojevich, Daley, Stroger: *one down, two to go!*", e o nome do ex-governador democrata Rod Blagojevich riscado com um grande X. Os políticos que ainda não caíram são Richard Daley Jr., o atual prefeito de Chicago, e Todd Stroger, o democrata que preside

---

2. Parte da discussão a seguir está baseada em Sérgio Praça (2009).

a Cook County Board de Illinois, uma espécie de assembleia legislativa, responsável por questões locais que afetam cinco milhões de americanos nos arredores de Chicago.

A bronca com Daley Jr. não é difícil de entender: trata-se do herdeiro do lendário ex-prefeito Richard Daley, o democrata que, segundo consta, ajudou John F. Kennedy a vencer o colégio eleitoral de Illinois por métodos pouco ortodoxos em 1960. "Stroger aumentou impostos injustamente e é um pilantra. Em qualquer país, ele seria tratado como criminoso. Mas aqui ainda vai demorar muito para ele sair de cena", diz um vendedor a um cliente da Guitarworks.

O desabafo lembra o Brasil, onde onze entre dez eleitores consultados citariam a corrupção como um dos principais problemas – se não o maior – da política no país. A campanha do extinto *Jornal da Tarde* a respeito dos vereadores paulistanos (incorporada por piadistas com o *slogan* "Eu tenho vergonha dos vereadores são-paulinos", em referência ao vereador Marco Aurélio Cunha, superintendente de futebol do São Paulo eleito pelo DEM) foi um exemplo marcante, entre muitos outros, de como sentir raiva da corrupção é algo comum para o cidadão brasileiro.

Como explicar que Brasil e Estados Unidos, países diferentes em tantos aspectos, apresentem indignação semelhante com a corrupção? Uma boa maneira de pensar sobre isso é comparar dois tipos de punição possíveis a políticos desonestos: a punição judicial e a punição pelas urnas.

O ex-governador Blagojevich é um exemplo marcante de como a punição a atos corruptos nos Estados Unidos pode ter resolução rápida. Quando Barack Obama foi eleito presidente no início de novembro, sua vaga no senado norte-americano ficou livre. Ao contrário do Brasil, onde temos suplente para senador (geralmente filho, esposa ou financiador de campanha), escolhido pelo próprio parlamentar, nos Estados Unidos cabe ao governador do estado correspondente indicar quem quiser para a vaga. O topetudo Blagojevich, fã de Elvis, incorporou o espírito economicista e decidiu leiloar o assento de Obama.

O FBI descortinou o esquema ao grampear os telefones do governador, e ele foi preso apenas um mês depois. Conseguiu ainda nomear Roland Burris, agora acusado de organizar eventos para ajudar Blagojevich a arrecadar dinheiro para campanhas, ao apagar das luzes. O governador foi deposto pela assembleia legislativa de Illinois em janeiro, por 114 votos a 1. Pouco depois, o senado estadual (se você acha que assembleias estaduais são um desperdício de dinheiro, imagine ter também um senado estadual...) decidiu suspender os direitos políticos de Blagojevich indefinidamente, por voto unânime.

Se a rapidez em punir o governador corrupto é espantosa, há pouco de surpreendente no caso em si. O apresentador de televisão Jon Stewart fez piada: "Quatro dos últimos oito governadores de Illinois foram gravemente acusados de envolvimento com corrupção. Nos Estados Unidos, 48% dos homicidas acabam na cadeia. Crianças, é mais provável que vocês sejam presas se governarem Illinois do que se matarem alguém!".

A eficiência em punir Blagojevich pode ter sido acentuada pelo fato de ele ser um político desobedecido pelo próprio partido em decisões relevantes. Era um governador politicamente fraco. O que ocorre quando parlamentares do "baixo clero", também fracos, sem grande apoio dos principais líderes políticos, são pegos em atos corruptos? Em terras brasileiras, pode não haver grandes consequências mesmo em casos célebres.

A história dos "anões do orçamento", que comandaram a poderosíssima Comissão Mista de Orçamento de 1988 a 1993, é identificada com parlamentares pouco relevantes. Por laços com a burocracia do Poder Executivo, eles conseguiam, em tempos de altíssima inflação, desviar parte substantiva do orçamento federal para organizações de seu interesse.

O ex-deputado federal João Alves de Almeida, principal anão, acumulou US$ 30,5 milhões entre 1989 e 1992. Alves controlou a Comissão Mista de Orçamento nesse período, foi seu relator-geral em 1990 e mentor do esquema nos bastidores. Uma CPI foi instalada em outubro de 1993 para investigar o caso. Com duração de 94 dias, a comissão investigou 43 parlamentares. Catorze foram inocentados, mais investigações foram sugeridas para 11, e 18 receberam recomendação de cassação. Quatro parlamentares renunciaram e seis foram cassados.

Mas, quase 15 anos após o fim da investigação, nenhum parlamentar foi punido criminalmente. Ninguém foi para a cadeia – à exceção do infame assessor parlamentar José Carlos Alves dos Santos, mas isso porque havia provas de que ele mandara matar a esposa.

Por que o Brasil, ao menos nesse exemplo, é tão diferente dos Estados Unidos? Os cientistas políticos Matthew Taylor e Vinícius Buranelli (2007) fornecem algumas pistas. Segundo eles, as instituições encarregadas de investigar e incriminar corruptos – CPIs parlamentares, Ministério Público, Polícia Federal e Tribunal de Contas da União – são relativamente fortes, mas enfraquecidas por agirem isoladamente. Se essas organizações conseguissem trabalhar juntas ao longo do processo investigativo, os casos de corrupção apresentados ao Poder Judiciário seriam mais bem-embasados. E a punição aos corruptos seria mais rápida – quem sabe até em poucos meses, como no caso do ex-governador Blagojevich.

Se o sistema jurídico pode tardar (e muitas vezes falhar) em punir corruptos, o eleitor indignado pode tentar resolver o problema na hora do voto. Em edição do fim de 2008, a revista *Rolling Stone* destacou cinco deputados e cinco senadores republicanos associados à corrupção que não fariam falta ao congresso dos Estados Unidos. Metade foi reeleita, embora algumas das eleições tenham sido mais suadas do que normalmente ocorre nos Estados Unidos. Apenas 5% dos 435 deputados norte-americanos não conseguirem a reeleição em 2008. A deputada Michele Bachmann, apontada como corrupta pela revista, foi reeleita em seu distrito em Minnesota com apenas 3% de vantagem. As eleições parlamentares norte-americanas se dão sob o sistema majoritário, ou seja, vence o candidato com mais votos no distrito.

A taxa de reeleição de 95% não é estranha nos Estados Unidos. Faz todo o sentido que candidatos que já são parlamentares consigam mais exposição, melhores arrecadações na campanha e, consequentemente, mais votos do que os arrivistas. Mesmo o deputado Lincoln Diaz-Balart, que enfrentou pesadas acusações de favorecimento a empreiteiros com recursos federais, foi reeleito com 20% de vantagem na Flórida.

Em tese, o sistema eleitoral brasileiro é muito mais permeável do que o norte-americano. Todos os votos de cada estado são contados, e é determinada uma quota de cadeiras para os partidos ou coligações com votos suficientes. Na lista da coligação ou do partido, os candidatos são ordenados de acordo com a votação que receberam. Se o partido obtém seis vagas na Câmara dos Deputados, os seis candidatos mais votados desse partido se tornarão parlamentares. Assim, podemos esperar que mensaleiros e sanguessugas tenham mais dificuldade para se reeleger do que seus equivalentes norte-americanos. E foi exatamente isso o que ocorreu nas eleições de 2008. Sessenta e três dos 91 parlamentares acusados de envolvimento nos escândalos do mensalão e dos sanguessugas se candidataram. Apenas 12 – ou seja, 19% – foram reeleitos.

Conclusão: se nosso sistema de investigação e punição é ridículo comparado ao norte-americano, o modo como elegemos parlamentares pode, ao menos parcialmente, compensar o problema.

***

Já citamos o caso da empresária Soraia Patrícia da Silva, que tentou abrir uma academia em São Paulo e foi achacada por fiscais da prefeitura. Será que o povo paulistano conseguiu se mobilizar para afetar as eleições municipais depois daquele escândalo? A resposta é duplamente animadora.

Para investigar as graves denúncias, instalou-se na Câmara Municipal de São Paulo, em março de 1999, uma Comissão Parlamentar de Inquérito, logo chamada de "CPI da Máfia dos Fiscais". Presidida por José Eduardo Cardozo (PT) – vereador naquela época e hoje ministro da Justiça –, a CPI recomendou ao plenário que cassasse os mandatos de Vicente Viscome (PPB) e Maeli Vergniano (PDT). Também recomendou a cassação do deputado estadual, ex-vereador, Hanna Gharib (PPB). Tentou-se cassar, ainda, o vereador José Izar (PFL, hoje DEM), mas este conseguiu o apoio do plenário depois de um discurso chantagista.

Podemos nos animar, em primeiro lugar, porque o partido mais implicado no escândalo – o PPB (Partido Progressista Brasileiro), hoje PP (Partido Progressista) – tinha 19 vereadores antes da eleição de 2000. Apenas cinco foram reeleitos, e um candidato novato conseguiu se eleger.

Em segundo lugar, o escândalo afetou a competição política na cidade. A grande exposição da CPI da Máfia dos Fiscais na mídia possibilitou aos eleitores da cidade saberem que um partido seria punido nas eleições seguintes: o PPB. Os outros partidos perceberam que o enfraquecimento do PPB, em decorrência do envolvimento da sigla na "máfia dos fiscais", significaria uma abertura no mercado político. Novos nichos a explorar. Redutos fechados em torno de candidaturas clientelistas se abririam para a disputa. No entanto, os partidos e as candidaturas não conseguiram aproveitar a oportunidade.

Sabendo que o PPB seria um partido mais fraco em 2000 do que em 1996, os distritos controlados por ele em 1996 sofreram, em 2000, uma invasão de candidaturas, aumentando assim o número de candidatos com 0,5% ou mais de votos em cada distrito. Em média, o número efetivo de competidores aumentou 2,03%, de 1996 para 2000, em todos os distritos. Nos 21 distritos controlados pelo PPB em 1996, aumentou 8,15%. Nos distritos restantes, aumentou 0,29%.

A lição que fica: escândalos de corrupção servem não apenas para informar os eleitores sobre quem deve ser punido nas urnas, mas também para animar os partidos com políticos não implicados nos escândalos a "invadir" os redutos eleitorais dos corruptos. Quanto mais acirrada for a competição política, maiores serão as chances de não renovar os mandatos dos desonestos.

Combatendo a corrupção via instituições de controle

Muita tinta já foi gasta explicando o papel das instituições de combate à corrupção no Brasil e como elas melhoraram nos últimos tempos, embora ainda haja defeitos e limitações relevantes (Praça e Taylor 2014). Sabemos que o Ministério Público tem promotores autônomos e zelosos; que a Polícia Federal desempenha um papel cada vez mais importante na descoberta de atos corruptos; que a Controladoria-geral da União (CGU) tem fiscalizado bem os repasses federais para os municípios e, finalmente, que os tribunais de contas (municipais, estaduais e federal) têm um papel relativamente limitado no combate à corrupção na prática, embora não possam ser considerados apenas lugares para guardar os amigos, como disse Getúlio Vargas.

Então, resolvemos bater um papo com um funcionário experiente de uma dessas organizações para saber, afinal, se as instituições de combate à corrupção estão funcionando e como podem melhorar. Aqui está seu depoimento anônimo:

> Vou contar para vocês como as coisas funcionam aqui no Brasil. Antes de mais nada, temos que lembrar que os pilantras são espertos. Você fecha uma torneira, eles abrem outra. Usam várias artimanhas para driblar o controle. Vou dar um exemplo. Os prefeitos preferem não receber dinheiro de "transferências voluntárias", nas quais o governo federal contrata um serviço para os municípios. Em vez disso, querem "transferências fundo a fundo", nas quais o governo federal repassa o dinheiro e o município contrata, com transparência muito menor.

> Os principais problemas são dois. O primeiro é que as condutas enquadradas como corrupção no Brasil estão expressas nos verbos dos tipos penais: "combinar", "oferecer", "exigir". É muito raro que esses atos deixem provas documentais, nas quais as auditorias têm que se basear. A não ser que você consiga gravar

ou filmar um ato corrupto, só há provas indiretas e raciocínio lógico para embasá-las. As provas mais contundentes estão protegidas pelos sigilos bancário, fiscal e telefônico, quase sempre indisponíveis para processos administrativos. Conseguimos chegar à irregularidade, mas dificilmente ao crime. (...)

O segundo grande problema é que nenhum dos órgãos de controle reúne quatro elementos essenciais para chegar a um bom resultado no combate à corrupção: i) conhecer, profundamente, o negócio investigado (os ministérios conhecem); ii) ter competência legal para acessar informações e documentos protegidos por sigilos (só o Ministério Público tem); iii) ter força operacional para utilizar métodos e técnicas especiais de investigação (a Polícia Federal e a Polícia Civil nos estados têm); e iv) ter autorização judicial para quebrar os sigilos dos investigados (só o Ministério Público pode pedir).

Individualmente, cada órgão de controle tem seu mérito e, às vezes, podem fazer um bom trabalho conjunto. Vou explicar o Tribunal de Contas da União (TCU), onde trabalho.

São quatro as principais atribuições constitucionais do TCU: a) julgar as contas dos administradores públicos; b) apreciar as contas anuais do presidente da República; c) fiscalizar a aplicação de recursos da União repassados aos estados e municípios; d) fixar os coeficientes do fundo de participação dos estados e municípios.

O TCU exerce uma função processual baseada no princípio do contraditório, o que, em tese, conduz o processo de prestação de contas a uma decisão conclusiva a respeito da aprovação ou reprovação do comportamento dos administradores em questão. Um dos nove ministros do TCU é escolhido como relator na fase da instrução do processo. Ele elabora um parecer prévio para fundamentar a decisão do colegiado. Em seguida, o Ministério Público emite um parecer sobre as evidências de corrupção encontradas (ou não). Caso não sejam encontradas irregularidades na lisura contábil do que foi examinado, o parecer é encaminhado para a aprovação do colegiado. Se algum indício de corrupção é encontrado, o processo ganha caráter judicial – no jargão dos juristas, o gracioso se torna contencioso. A decisão final também é tomada pelo colegiado de nove ministros.

Como esses ministros, também chamados de conselheiros, são escolhidos? Das nove indicações, seis são feitas pelos parlamentares, duas são feitas pelo corpo técnico do TCU e apenas uma vaga é de livre indicação do presidente da República. O fato de o TCU ter ministros políticos é benéfico, pois eles representam diversas correntes políticas e nenhuma se torna predominante. Isso leva as soluções para o lado técnico.

Como já deu para perceber, as atribuições do TCU são muito amplas. Precisamos de parcerias. Se o caso envolve recursos estaduais e federais ao mesmo tempo, trabalhamos com os tribunais de contas estaduais e os ministérios públicos dos estados. Os tribunais de contas da Paraíba, de Pernambuco e do Rio Grande do Sul são especialmente bons.

Além disso, temos que melhorar um certo distanciamento que temos de outras agências de controle. A participação na Estratégia Nacional de Combate à Corrupção e à Lavagem de Dinheiro (Enccla) é importante, sobretudo como fórum de discussão. A Controladoria-geral da União tem um papel interessante lá. Infelizmente, há um certo desentendimento entre a CGU e o TCU. A CGU se frustra por poder combater apenas a corrupção dentro dos ministérios e tenta participar em outras áreas que não são de sua competência. Ela não tem poder decisório, apesar de influenciar, nos últimos tempos, a discussão nacional sobre corrupção.

A Polícia Federal também sofre por brigar com os promotores do Ministério Público por espaço, mas está melhorando. Agora, há delegados se especializando em crimes contra a administração pública, e isso facilita muito a interação com outras agências de controle.

Resumindo: temos quatro órgãos de combate à corrupção bem-aparelhados e competentes de maneira isolada, mas a legislação não ajuda. E a interação entre esses quatro órgãos é muito menos organizada do que poderia ser.

Combatendo a corrupção com CPIs

Pense rápido: qual a última Comissão Parlamentar de Inquérito (CPI) que parou o Brasil? Você não estará sozinho nem sozinha se não conseguir lembrar ou se mencionar uma que ocorreu há mais de seis anos. As CPIs estão perdendo a função de mecanismos de investigação da coalizão governamental pela minoria parlamentar. Podem, aos poucos, deixar de ser uma maneira de investigar relações suspeitas entre políticos, empresários e grupos sociais de diversos tipos. Essas comissões têm poderes de investigação equivalentes aos das autoridades judiciárias e seus relatórios são enviados ao Ministério Público para que este processe os infratores.

CPIs podem ser criadas a pedido de um terço dos parlamentares de uma casa legislativa. É necessário, por exemplo, que 32 dos 94 deputados estaduais de São Paulo defendam a criação de uma comissão para investigar as evidentes irregularidades em contratos do metrô e trens paulistas desde 1998, em vários governos do PSDB. Essa investigação, é claro, não interessa ao governo. Como ele pode atuar para evitar a criação da CPI? A primeira medida é convencer os deputados de que não vale a pena investigar o assunto. Apenas 26 dos 32 deputados necessários estavam convencidos de que valia a pena formar a CPI. A segunda medida seria remeter para o plenário a decisão de criar a comissão. No plenário, o governo teria maioria. (Essa medida foi proibida pelo Supremo Tribunal Federal em 2007.)

O governo pode também garantir que outras cinco CPIs estejam funcionando. Esse é o limite de CPIs simultâneas. O problema é que as comissões têm um limite de tempo para funcionar. No caso do estado de São Paulo, esse limite é de quatro meses, podendo ser prorrogado por mais dois. Caso tudo isso não dê certo, os partidos que apoiam o governo podem deixar de nomear os membros para constituir a CPI.

Entre 1946 e 1999, 303 CPIs foram instaladas na Câmara dos Deputados, no Senado Federal ou no Congresso Nacional – uma média de 5,7 por ano. Apenas 53% foram concluídas, elaborando um relatório final. A constatação é que antes era até mais fácil criar CPIs, mas apenas metade chegava ao fim. Ainda assim, os cientistas políticos Fabricio Vasselai, Lucas Queijo Cadah e Danilo Pádua Centurione (2011) mostram, com análise em CPIs mais recentes, que 75% das CPIs contêm sugestão de projetos de lei e alteração na legislação.

O poder de sugerir mudanças legislativas importantíssimas, mas pouco visíveis para a opinião pública, é uma das duas funções mais relevantes das CPIs. A comissão que investigou os parlamentares que propunham emendas orçamentárias para comprar ambulâncias em municípios e embolsavam parte do dinheiro obtido com a licitação superfaturada – a CPI das Ambulâncias de 2006 – propôs um relatório final com mudanças substantivas nas regras congressuais para emendar o orçamento. E isso, no mínimo, dificulta a corrupção.

A outra função muito relevante das comissões é nos dar informações, com base em suas investigações, para que avaliemos os políticos durante as eleições, ou mesmo para que políticos afetados por escândalos percam espaço em seus partidos. Um dos principais efeitos do escândalo do mensalão petista se deu antes do julgamento pelo Supremo Tribunal Federal: Delúbio Soares perdeu o posto de tesoureiro do partido, José Genoino deixou de ser presidente do PT, João

Paulo Cunha e José Dirceu perderam quase toda a relevância dentro do partido. Mérito da CPI dos Correios.

Se as CPIs relevantes não conseguem mais ser instaladas, mesmo com evidências fortes de que elas deveriam existir, perdemos isso.

O fim da corrupção é desejável?

Sempre que algum político diz que vai "acabar com a corrupção" ou algum cidadão diz que só vai começar a votar quando os políticos corruptos forem extintos, pensamos nesse governo ideal com que tantos sonham.

Imaginemos uma secretaria de Educação que queira não somente minimizar o risco de corrupção, mas extirpar esse mal com toda a força. Qualquer política educacional precisa fazer algumas coisas básicas: contratar professores, pagá-los pelo trabalho realizado, comprar material escolar e construir escolas. Como poderíamos fazer essas quatro coisas completamente sem corrupção?

Vamos à contratação de professores. Os candidatos às vagas deverão prestar concurso público que teste os conhecimentos específicos na área em que pretendem lecionar e a capacidade de dar uma boa aula. (No ambiente universitário, deve-se também medir, por avaliação curricular, se o professor é um bom pesquisador.) Contratar um professor de história geral, portanto, implicaria aplicar uma prova com questões dissertativas sobre, por exemplo, a Revolução Francesa, a Segunda Guerra Mundial e a influência cultural dos Estados Unidos sobre parte expressiva do mundo no século XX. Garantir que essa etapa não seja corrupta é simples: basta preservar o sigilo das questões antes da prova. Quanto ao teste didático, basta ter a certeza de que os membros da banca de avaliação não são amigos ou parentes do candidato.

Pagar os professores pelo trabalho realizado parece, à primeira vista, algo simples de fazer de maneira honesta. Afinal, o salário do professor não é recebido pelo diretor da escola para, então, ser repassado; ele cai direto na conta do docente. Mas como saber se, de fato, o trabalho do professor é realizado? Quando ele não falta à aula. Mas isso é corrupção? Se uma pessoa corrupta é aquela que usa um cargo público para conseguir benefícios privados, sem dúvida! Um professor que sistematicamente falta às aulas em escolas é detentor de cargo público. Qual o benefício privado que consegue ao não lecionar quando deveria? Tempo. Tempo para trabalhar em outros lugares, descansar, cuidar da vida pessoal, quando deveria estar ensinando as quatro operações matemáticas e onde fica a nascente do rio São Francisco.

Um estudo publicado em 2007 (Patrinos e Kagia 2007) citou as faltas de professores em seis países: Bangladesh, Equador, Índia, Indonésia, Peru e Uganda. A média de faltosos foi de 19%. Em um distrito rural no estado indiano do Rajastão, os professores foram obrigados a tirar duas fotos por dia com os alunos: uma no início da aula e outra no fim, obviamente com uma máquina fotográfica com dispositivos adequados para controlar o tempo. Essa espécie de *big brother* fez o absenteísmo cair de 44% para 22%. Mas teve efeitos possivelmente indesejáveis, como diminuir a privacidade dos alunos.

Outra medida para evitar o comportamento corrupto de professores – e de diretores e funcionários das escolas – seria incentivar o monitoramento de *whistleblowers*, ou dedos-duros, para que atos desonestos fossem comunicados às autoridades governamentais. O professor de história denunciaria, por exemplo, o professor de física, por não ir às aulas. A professora de geografia reclamaria, formalmente, do suposto desvio de verbas por parte do diretor do colégio.

O problema com isso é, ou deveria ser, evidente. A professora que denuncia o diretor garantiria seu emprego, ao menos enquanto sua denúncia fosse apurada. Ora, se isso acontecesse, por que um professor acusado de absenteísmo (e prestes a ser responsabilizado pela direção da escola) não tomaria a iniciativa de denunciar, mesmo sem provas, um suposto comportamento corrupto do diretor? Afinal, nesse sistema político que preza o combate à corrupção acima de tudo, o abalo na autoridade gerencial do diretor é um pequeno preço a ser pago.[3]

Digamos que essas medidas funcionem e as aulas ocorram normalmente. Tudo transcorre bem, até que chega a hora de

---

3. Sobre isso, ver Anechiarico e Jacobs (1996).

comprar novos computadores e construir novas escolas. A maneira menos honesta de fazer isso seria dar ao secretário de Educação a prerrogativa de escolher pessoalmente, sem critérios definidos em público, os fornecedores de computadores e as empreiteiras que construiriam as escolas. A maneira mais honesta é fazer o inverso: estabelecer critérios, em um edital público, e realizar uma licitação competitiva para escolher quem vai ser contratado pelo governo.

Para construir a nova escola, quero uma empreiteira que nunca tenha se envolvido em atos corruptos; que nunca tenha deixado de pagar impostos; que nunca tenha doado para partidos políticos, pois isso poderia comprometer a lisura do processo; que tenha experiência reconhecida em projetos semelhantes; que não tenha, em seu rol de gerentes e diretores, ninguém já condenado por qualquer tipo de crime. Quantas empreiteiras vão disputar a licitação? Provavelmente pouquíssimas, prejudicando o aspecto competitivo da contratação.

O ponto é que há um equilíbrio fino, delicadíssimo, entre controle da corrupção e execução de serviços públicos. Ninguém deseja viver sob um governo 100% corrupto e 50% eficiente nos serviços prestados. Mas um governo sem nada de corrupção, no qual todos os funcionários atuem como vigilantes potenciais e no qual toda contratação pública tenha de estar sempre acima de qualquer suspeita, provavelmente terá grande dificuldade em realizar serviços e obras básicas.

A essa conclusão chegam os economistas Guilherme Lichand, Marcos Lopes e Marcelo Medeiros, no estudo (ainda inédito) "A corrupção faz bem para a saúde?". Descobrem que as auditorias de gastos municipais com saúde realizadas pela Controladoria-geral da União têm um efeito positivo para reduzir a corrupção, mas simplesmente porque os gestores locais passam a gastar menos! Com medo de serem responsabilizados por atos corruptos (deles mesmos ou de pessoas que não conhecem), acabam diminuindo a provisão desse serviço público tão fundamental. Há menos corrupção, sem dúvida, e também menos leitos em hospitais.

Combate exagerado à corrupção: Extinção de cargos de confiança

É muito raro ver um escândalo de corrupção que não envolva detentores de cargos de confiança. São aqueles cargos que podem ser ocupados por pessoas que não prestaram concurso para entrar no serviço público. Geralmente, imagina-se que sejam ocupados por pessoas sem boa qualificação técnica, alçadas aos postos por amizade, nepotismo ou laços partidários.

Não é incomum, então, que se peça a redução drástica – ou mesmo extinção – desses cargos no governo federal e nos estados e municípios. Estudiosos dos efeitos concretos de cargos de confiança na corrupção mostram que quanto mais filiados a partidos políticos ocupam esse tipo de cargo, mais chances há de atos corruptos acontecerem (Bersch, Praça e Taylor 2013). Mas extingui-los seria um exemplo de combate exagerado à corrupção. Os efeitos para a administração pública poderiam ser, talvez, mais danosos do que a corrupção. Vamos explicar, para começo de conversa, o que são cargos de confiança.

Há 20.578 funcionários[4] com cargos de confiança em um universo de 537.095 empregados do governo federal – um total de 3,83%. Mas, ao contrário do que poderíamos imaginar, apenas 13% dos cargos de Direção e Assessoramento Superior (DAS) são ocupados por filiados a partidos. Considerando apenas os cargos DAS-6, os mais importantes, esse percentual sobe para 37%. O levantamento se concentrou nos partidos pertencentes à coalizão de governo em 2010: PT, PL, PP, PMDB, PC do B, PSB e PTB.

São filiados ao PT 900 dos servidores em cargos de confiança, um total de 31% dos funcionários de confiança que pertencem a algum partido. Cerca de 13% são peemedebistas. O restante é dividido entre os demais partidos. Considerando apenas a "elite do poder" – os DAS mais importantes, dos níveis 4, 5 e 6 –, a vantagem pende ainda mais para os petistas. Uma pesquisa da socióloga Maria Celina D'Araújo (2009), realizada por meio de questionários a 266 funcionários DAS dos níveis 5 e 6, mostra dados diferentes. Desses servidores, 24,33% disseram ser filiados a algum partido, 84,37% deles ao PT. Nenhum funcionário se admitiu filiado ao PMDB.

---

4. Todos os dados desta seção foram retirados de Praça, Freitas e Hoepers (2011, pp. 141-172).

Os cargos de DAS foram fruto da reforma administrativa iniciada em 1967. Foram formalizados em dezembro de 1970. Dois anos depois, foram divididos em duas categorias: direção superior e assessoramento superior. Ambos eram de livre escolha do ditador de plantão. São também separados em níveis, de 1 a 6. O salário e as atribuições aumentam progressivamente. O funcionário DAS-1 ganha R$ 2.115,00, já o DAS-6 recebe R$ 11.179,00.

Esses servidores têm acesso privilegiado a conhecimentos, informação, e atuam sobre a hierarquia no sentido de facilitar, controlar, influenciar e implementar decisões. Enquanto os cargos de DAS de direção tomam decisões diretamente, os cargos de assessoria "atuam em nome e sob a direção da autoridade de gabinete", explicou Leonor Moreira Câmara (2009, p. 645).

Alguns ministérios, como o do Esporte e o do Desenvolvimento Social, têm proporcionalmente muitos cargos de confiança. Outros, como o da Saúde e o da Educação, têm menos. Durante o governo FHC, os ministros eram responsáveis pelo preenchimento dos cargos em comissão de DAS 1 a 4. Os níveis 5 e 6 eram escolhidos diretamente pelo presidente. A partir de junho de 2003, o ministro-chefe da Casa Civil, na época José Dirceu, passou a ter competência para escolher os funcionários que ocupariam os cargos de DAS.

Dois anos depois, o presidente Lula editou um decreto, exigindo que 75% dos cargos de DAS, níveis 1 a 3, e 50% dos cargos de nível 4, fossem ocupados exclusivamente por servidores de carreira. Limite semelhante existe nos Estados

Unidos. Essa medida pode ter sido reflexo do escândalo do mensalão, revelado no mês anterior.

A impressão de que os cargos de confiança são muito numerosos em relação aos cargos preenchidos por concurso é verdadeira para poucos ministérios e leviana para o restante. Nada menos do que 193 dos 304 cargos efetivos do Ministério dos Esportes – 63,48% – são de confiança. Em contraste, 885 dos 199.174 servidores do Ministério da Educação – 0,44% – são DAS. O partido do ministro se aproveita do cargo para distribuir mais cargos para seus filiados. O PC do B, do ministro Orlando Silva, tem mais filiados no Ministério dos Esportes. O PR, do ex-ministro Alfredo Nascimento, tem mais filiados no Ministério dos Transportes. À exceção do PT, o PDT, do ministro Carlos Lupi, tem mais filiados no Ministério do Trabalho.

Vale observar também em que medida são aparelhados certos órgãos ministeriais. A Fundação Alexandre Gusmão, do Ministério de Relações Exteriores, conta com 25% de filiados partidários em seus cargos de DAS. Logo atrás, com 156 filiados em 644 cargos de DAS – 24,22% – está a Fundação Nacional do Índio, do Ministério da Justiça. O interessante a notar é a quantidade de funcionários DAS-1, o mais baixo escalão dos cargos de confiança. Dos 780 servidores DAS-1 que são filiados a algum partido, 133 trabalham na Funai. (Coincidentemente, o órgão ministerial de pior avaliação nos Estados Unidos em 2006, de acordo com o cientista político David Lewis [2007], foi o Bureau of Indian Affairs, a Funai norte-americana.) O Instituto Nacional de Colonização e Reforma Agrária

(Incra) tem 159 filiados em 670 cargos de DAS, uma taxa de aparelhamento de 23,73%.

O aparelhamento político tem outras naturezas além do aparelhamento militante, que parece caracterizar o Incra e a Funai. Pode ser que os funcionários indicados sejam apenas dos partidos com mais força na coalizão, PT e PMDB. Ou, então, os cargos são distribuídos para partidos menores, mas fundamentais para que o presidente faça suas leis serem aprovadas no Congresso Nacional. Há 2.311 cargos de DAS na estrutura principal do Ministério da Fazenda. São filiados a partidos que têm peso relativamente pequeno na coalizão 8,04% – ou 186.

Estudos realizados nos Estados Unidos mostram que servidores que ocupam cargos de confiança trabalham pior do que os concursados. O fato de um funcionário público ser filiado a um partido não é sinônimo de incompetência, apesar de ser incentivo para trabalhar para o partido e não para o governo. Há servidores em cargos de DAS muito bem-preparados. Vale destacar que 15 de 79 funcionários DAS-6 filiados a partidos são de carreira na administração pública federal.

Reduzir drasticamente os cargos de confiança, portanto, acabaria não só reduzindo a corrupção, mas também a capacidade de o governo contratar pessoas que podem fazer um ótimo trabalho, preenchendo lacunas que o concurso público não dá conta de preencher com a rapidez necessária.

CONCLUSÃO

Este livro pode desanimar. Multifacetada, extremamente complexa, frequentemente péssima para a economia, às vezes com algum aspecto indiretamente positivo, a corrupção cansa qualquer um que tenta entendê-la. O que, então, podemos fazer para minimizar seus males – além de votar?

Podemos aproveitar crises. Nelas surgem o que John Kingdon (1995) chama de "janela" (*policy window*): uma oportunidade que os defensores de certas propostas têm para colocar suas soluções prediletas na agenda pública.

Algumas janelas são abertas de maneira bastante previsível – a lei orçamentária, por exemplo, é uma oportunidade para expressar preferências políticas que ocorre anualmente. Outras janelas são imprevisíveis. Uma janela de política abre devido a uma mudança na corrente política (por exemplo, a eleição de um novo presidente, uma mudança na distribuição partidária ou ideológica do poder na Câmara dos Deputados, uma mudança no clima de opinião pública) ou porque um novo problema captura a atenção dos membros do governo.

Uma vez aberta a janela, ela não dura muito tempo. Ela pode fechar por diversos motivos. O primeiro é que os agentes políticos podem acreditar que resolveram o problema por meio de alguma decisão ou mudança legislativa. Mesmo que isso não seja necessariamente verdade, o fato de alguma ação ter acontecido acomoda os atores por algum tempo. O segundo motivo é que os agentes políticos podem ter falhado na resolução do problema. Nesse caso, seriam desincentivados a investir mais tempo, energia, capital político e outros recursos em propostas de mudança. Um terceiro motivo para que a janela se feche é que os eventos que suscitaram sua abertura passem. Uma crise política é, por natureza, de curta duração.

Cabe à sociedade – dispersa, desorganizada, pouco informada, cheia de coisas para fazer além de prestar atenção na política – pressionar os atores políticos a aproveitar essas janelas para fazer mudanças institucionais que diminuam a corrupção. Boa sorte a todos nós.

REFERÊNCIAS BIBLIOGRÁFICAS

ANECHIARICO, Frank e JACOBS, James B. (1996). *The pursuit of absolute integrity: How corruption control makes government ineffective*. Chicago: University of Chicago Press.

BECQUART-LECLERQ, Jeanne (1989). "Paradoxes of political corruption: A French view". *In*: HEINDENHEIMER, Arnold J.; JOHNSTON, Michael e LEVINE, Victor T. (orgs.). *Political corruption: A handbook*. New Jersey: Transaction.

BERSCH, Katherine; PRAÇA, Sérgio e TAYLOR, Matthew (2013). "State capacity, bureaucratic politicization, and governance outcomes". Texto apresentado no congresso da American Political Science Association (Apsa), Chicago, de 28 de agosto a 1ª de setembro.

BERTRAND, Marianne *et al.* (2007). "Obtaining a driver's license in India: An experimental approach to studying corruption". *Quarterly Journal of Economics*, v. 122, n. 4, pp. 1.639-1.676.

CÂMARA, Moreira Leonor (2009). "O cargo público de livre provimento na organização da administração pública federal brasileira: Uma introdução ao estudo da organização da direção pública na perspectiva de estudos organizacionais". *Revista de Administração Pública*, v. 43, n. 3, pp. 635-659.

D'ARAUJO, Maria Celina (2009). *A elite dirigente do governo Lula*. Rio de Janeiro: FGV.

EASTERLY, William (2001). *The elusive quest for growth*. Cambridge: MIT Press.

FISMAN, Raymond e MIGUEL, Edward (2007). "Corruption, norms, and legal enforcement: Evidence from diplomatic parking tickets". *Journal of Political Economy*, v. 115, n. 6, pp. 1.020-1.048.

GLAESER, Edward e GOLDIN, Claudia (2006). "Corruption and reform: Introduction". *In*: GLAESER, Edward e GOLDIN, Claudia (orgs.). *Corruption and reform: Lessons from America's economic history*. Chicago: University of Chicago Press, pp. 3-22.

HUNTINGTON, Samuel P. (1968). *Political order in changing societies*. New Haven: Yale University Press.

JOHNSTON, Michael (2005). *Syndromes of corruption*. Cambridge: Cambridge University Press.

KINGDON, John W. (1995). *Agendas, alternatives, and public policies*. Nova York: Addison-Wesley.

KLITGAARD, Robert (1988). *Controlling corruption*. Berkeley/Los Angeles: University of California Press.

_____ (1990). *Tropical gangsters*. Nova York: Basic Books.

LEWIS, David (2007). "Testing Pendleton's premise: Do political appointees make worse bureaucrats?". *Journal of Politics*, v. 69, n. 4, pp. 1.073-1.088.

LICHT, Amir; GOLDSCHMIDT, Chanan e SCHWARTZ, Shalom H. (2007). "Culture rules: The foundations of the rule of law and other norms of governance". *Journal of Comparative Economics*, v. 35, n. 4, pp. 659-688.

MAURO, Paolo (1995). "Corruption and growth". *Quarterly Journal of Economics*, v. 110, n. 3, pp. 681-712.

NYE, Joseph (1967). "Corruption and political development: A cost-benefit analysis". *American Political Science Review*, v. 61, n. 2, pp. 417-427.

PATRINOS, Harry Anthony e KAGIA, Ruth (2007). "Maximizing the performance of education systems: The case of teacher absenteeism". *In*: CAMPOS, J. Edgardo e PRADHAN, Sanjay (orgs.). *The many faces of corruption: Tracking vulnerabilities at the sector level*. Washington: The World Bank, pp. 63-87.

PRAÇA, Sérgio (2009). "Por que os corruptos do Brasil não são punidos?". *Época*, n. 566, 21/3.

PRAÇA, Sérgio e TAYLOR, Matthew (2014). "Inching toward accountability: The evolution of Brazil's anti-corruption institutions, 1985-2010". *Latin American Politics & Society*, v. 56, n. 2, pp. 27-48.

PRAÇA, Sérgio; FREITAS, Andréa e HOEPERS, Bruno (2011). "Political appointments and coalition management in Brazil, 2007-2010". *Journal of Politics in Latin America*, v. 3, n. 2, pp. 141-172.

ROSE-ACKERMAN, Susan (1999). *Corruption and government: Causes, consequences and reform*. Cambridge: Cambridge University Press.

TAYLOR, Matthew M. e BURANELLI, Vinicius (2007). "Ending up in pizza: Accountability as a problem of institutional arrangement in Brazil". *Latin American Politics and Society*, v. 49, n. 1, pp. 59-87.

VASSELAI, Fabricio; CADAH, Lucas Queijo e CENTURIONE, Danilo Pádua (2011). "O que fazem as CPIs no Brasil? Uma análise dos relatórios finais das Comissões Parlamentares de Inquérito". *Cadernos Adenauer*, v. 12, pp. 99-114.

WOOD, James (2011). *Como funciona a ficção*. São Paulo: Cosac Naify.